사랑하는 우리 _____에게
미꽃체 손글씨를 선물합니다.

일러두기
'미꽃체'는 미꽃 최현미 작가님이 직접 만든 손글씨입니다.
미꽃 작가님은 어린이들이 미꽃체를 쉽게 배울 수 있도록 좀 더 간결하게 글자를 새로 썼습니다.
이 책 속에는 미꽃 작가님이 모두 새롭게 쓴 어린이를 위한 미꽃체가 담겨 있습니다.

어린이를 위한
미꽃체 손글씨

어린이를 위한
미꽃체 손글씨

미꽃 최현미 * 김수현 지음

어린이를 위한 미꽃체 손글씨 작품

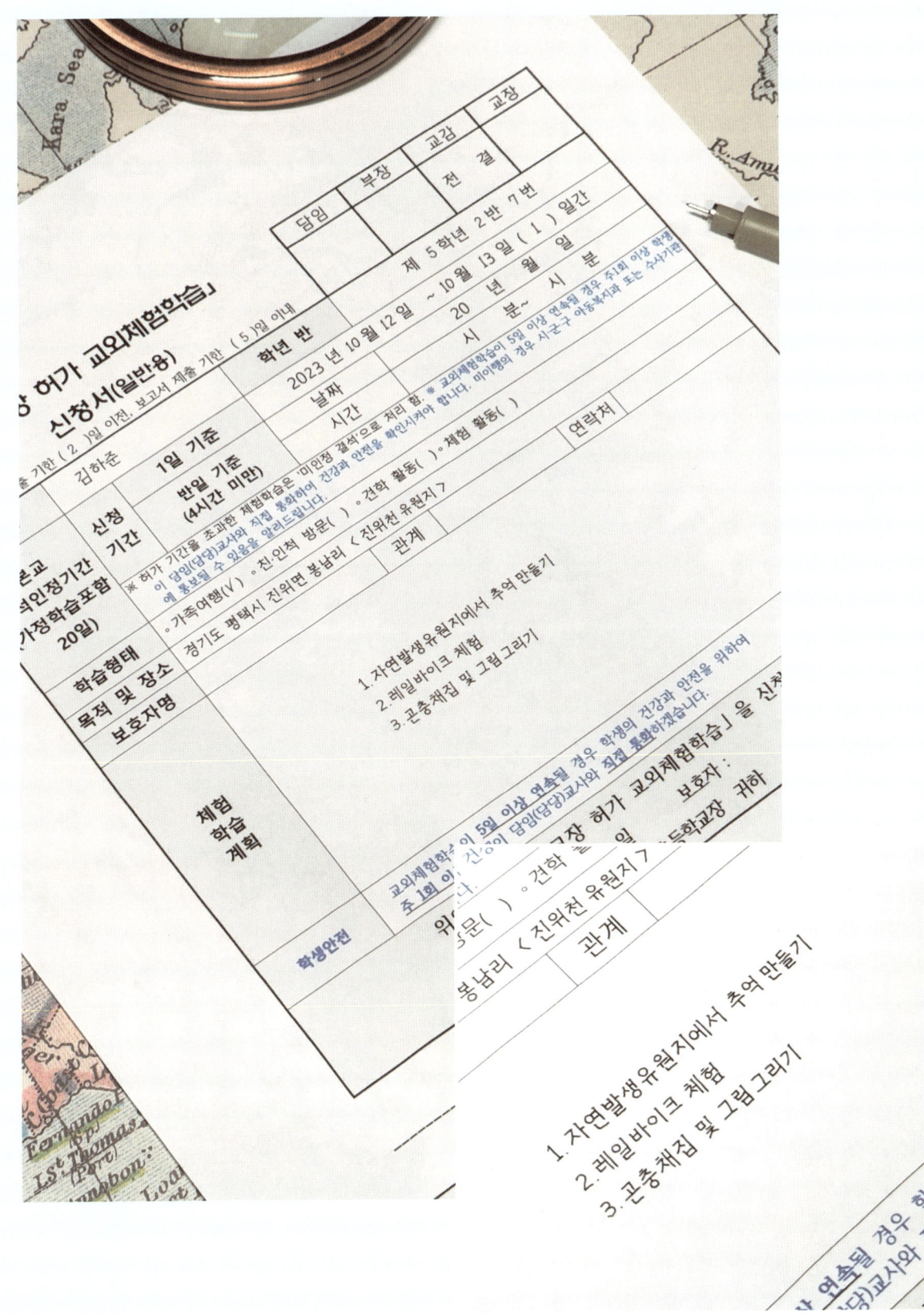

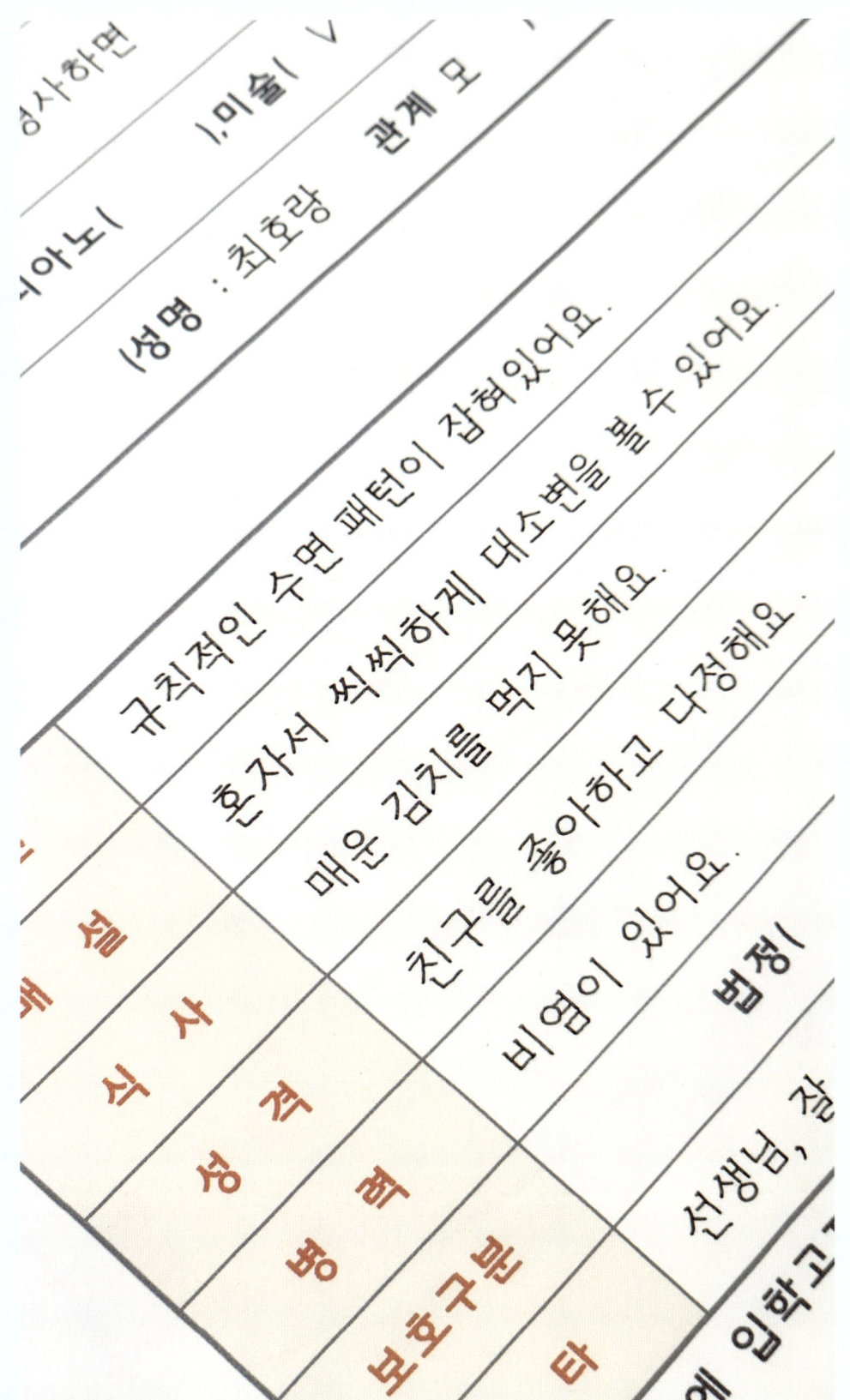

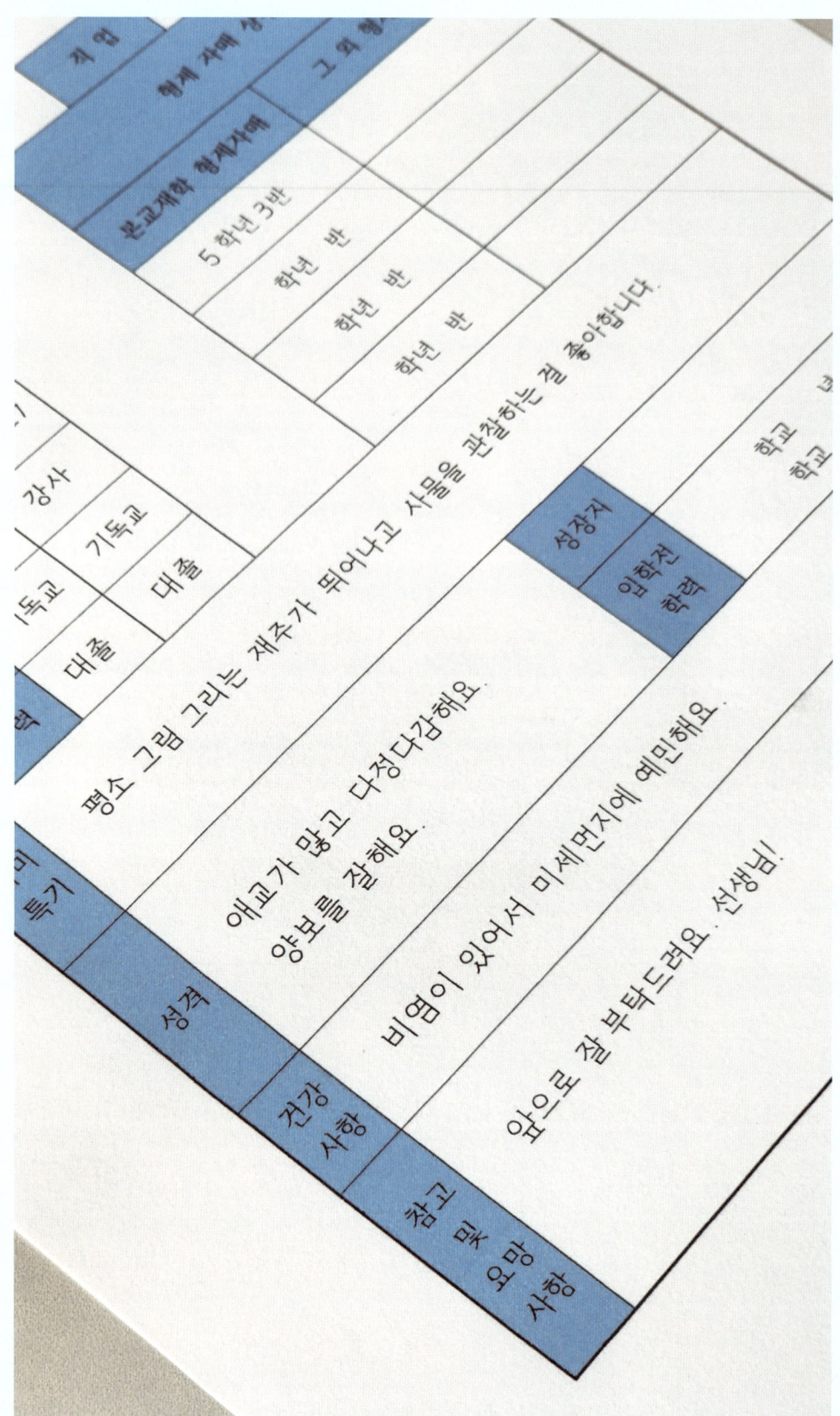

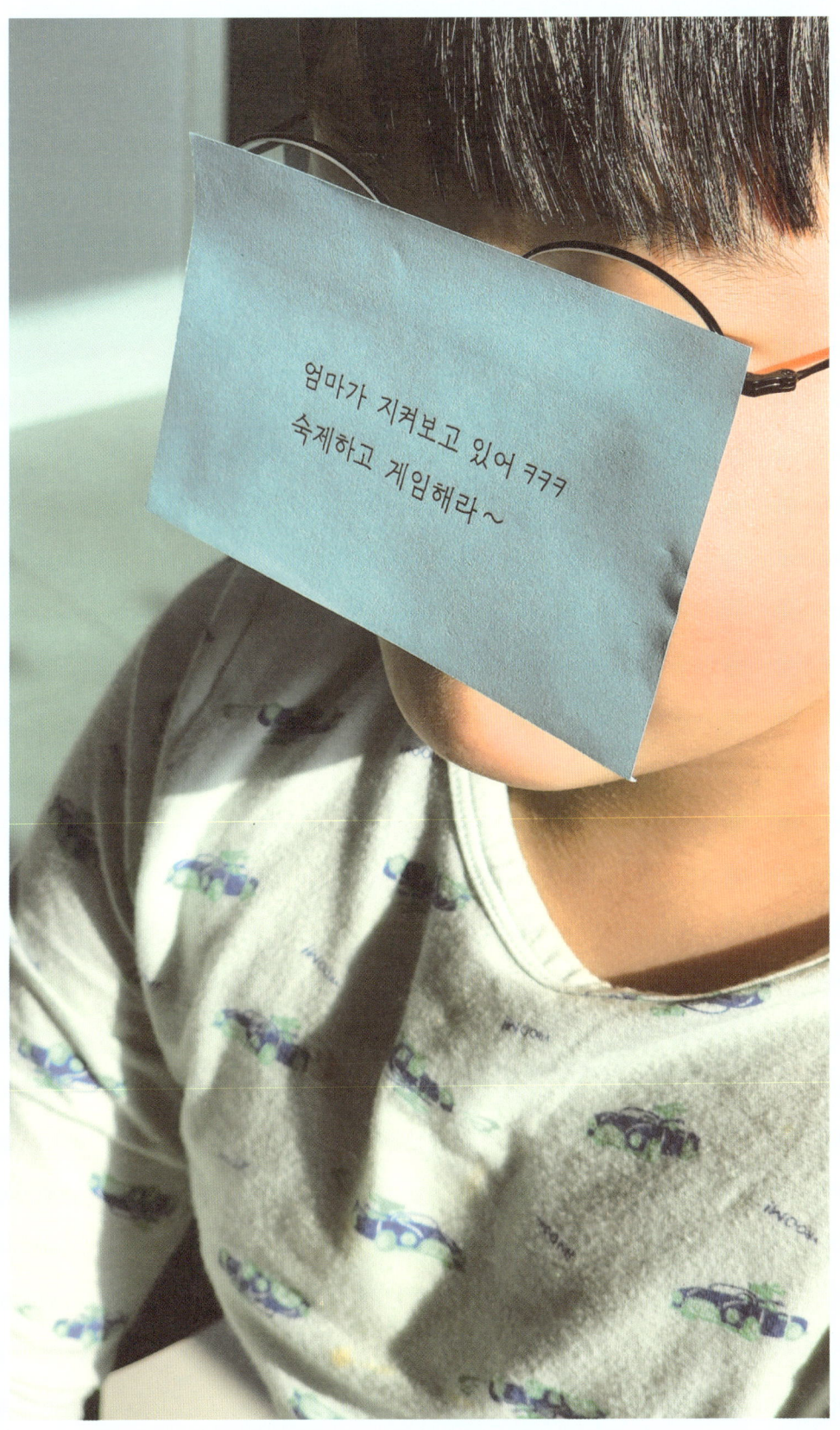

미꽃체 손글씨 소개

아름다운 꽃처럼 예쁜 손글씨
미꽃체를 소개합니다!

안녕하세요. 아름다운 손글씨 작가, 손글씨를 잘 쓰는 법을 아주 쉽게 알려주는 '미꽃' 최현미 선생님이에요.

우리 친구들은 글씨를 예쁘게 잘 쓸 수 있나요? 이 질문에 글씨를 예쁘게 잘 쓴다고 자신 있게 손들고 말할 수 있는 친구들이 많지 않더라고요. 선생님도 그랬어요. 학교에 들어가기 전에 한글은 다 익혔지만, 한글을 손글씨로 잘 쓰는 방법은 배우지 못했던 것 같아요.

시간이 많이 흘러서 선생님이 두 아이의 엄마가 되었을 때, 평소 좋아하던 시집을 꺼내서 예쁜 글귀를 찾다가 문득 이런 생각이 들었어요. '책 속에 인쇄된 반듯한 가지런한 글씨, 내가 직접 손으로 쓰는 건 어려울까?'

그 궁금증을 시작으로 책 속 글씨들을 무작정 따라 쓰기 시작했어요. 반복해서 열심히 따라 쓰다보니 어느새 손글씨가 아름답게 달라져있었어요. 그래서 손글씨 이름을 '미꽃'이라고 지었어요. '미꽃'은 '아름다울 미美'와 '꽃'을 합친 말로, '아름다운 꽃'이라는 뜻이에요. 아름다운 꽃처럼 예쁜 손글씨를 뜻한답니다.

선생님이 손글씨 작가로 유명해지면서 미꽃체를 배우고 싶어 하는 사람들도 많아졌어요. 그래서 온라인 강의 수업과 책을 만들어 미꽃체를 널리

알리게 되었죠. 그러면서 손글씨를 잘 쓰고 싶어 하는 사람들이 굉장히 많다는 사실을 깨달았어요. 어린 시절, 학교에서 필기를 하고 공부를 하고 친구들과 편지를 주고받으면서 글씨를 잘 쓰고 싶은데 방법을 몰라서 속상했던 기억이 있기 때문이에요. 어른이 되어 손글씨를 쓸 일이 있을 때 자신 있게 쓰지 못하기도 하고요.

그래서 선생님은 누구나 어린 시절부터 미꽃체를 배워서 손글씨를 잘 쓸 수 있도록 어린이를 위한 미꽃체 손글씨 책을 만들고 싶었어요. 그리고 초등학교 선생님이자 동화 작가이신 김수현 선생님과 힘을 합해서 여러분의 학교 공부와 일상생활에 도움을 주고 문해력을 향상시킬 수 있도록 다양한 낱말과 표현, 문장을 풍성한 예문으로 정리해서 이 책을 완성했죠.

이 책은 선생님의 미꽃체 손글씨를 따라 쓰는 이 세상에서 단 하나뿐인 손글씨 배움 책이에요. 선생님의 미꽃체를 배우면 여러분의 손글씨도 예쁘고 반듯해질 거예요. 그리고 미꽃체는 평생 여러분의 손글씨가 될 거예요. 이제부터 우리 함께 시작해 봐요!

미꽃 최현미 선생님

프롤로그

이 책 한 권이면 악필 교정 학원에 가지 않아도 됩니다!

안녕하세요. 초등학교 선생님 김수현이에요. 언젠가 선생님이 버스를 타고 가던 길이었어요. 버스 안에는 광고가 나오는 모니터가 설치되어있었어요. 무심코 모니터를 보고 있는데 '악필 교정 학원 광고'가 나왔어요. 요즘도 글씨를 교정해주는 학원이 있구나 싶었죠.

그런데 악필 교정 학원은 어린이들만 다니는 학원이 아니었어요. 놀랍게도 어른들도 다니는 학원이었습니다. 어른들은 글씨를 쓰는 법을 모르는 것도 아니고 어른이 되면 글씨 쓸 일이 많지도 않을 텐데, 왜 악필 교정 학원에 다니는 걸까요? 왜 자신의 글씨체를 바꾸고 싶어 할까요?

의외로 손으로 쓴 글씨가 '나'를 대표하는 상황이 생각보다 많기 때문이에요. 그리고 바른 글씨는 자신감을 가져다주기도 하죠. 학생들은 더 잘 알거예요. 글씨 쓰기는 생각보다 우리 삶에서 많이 하고 있는 일이라는 것을요.

예전처럼 코로나 19 바이러스 때문에 학교에 가지 못하고 모니터를 통해 원격 수업을 하더라도 우리는 배움 노트를 쓰는 과제나 독서록, 일기 등을 손글씨로 써야 해요.

학년이 점차 높아지면서 공부하는 양이 많아지면 필기할 내용도 많아질 겁니다. 그때마다 서툰 글씨 때문에 자신감을 잃으면 안 되잖아요. 그래서 바른 글씨는 필요해요.

그렇지만 선생님은 여러분이 학원을 통해서 바른 글씨를 배우는 것보다, '나'만의 집중력으로 매일 조금씩 한 장 한 장 글씨 쓰는 연습을 통해 내공을 쌓는 기쁨을 꼭 누려보았으면 좋겠어요.

바른 글씨를 쓰기 위해 학원에 가서 배워야 한다고 생각하면 시작부터 지치고 힘들고 스트레스를 받을 수도 있어요. 그 대신 이 책으로 미꽃체 손글씨를 쓰면서 여러분도 모르게 자연스럽게 마음속이 편안해지고 치유되는 기분 좋은 경험을 했으면 좋겠어요. 정말이지 바른 글씨를 쓰는 건 행복한 일이고, 재미있는 일이거든요.

여러분도 그 마법의 힘을 저와 미꽃쌤과 함께 꼭 느껴봤으면 좋겠어요. 학원이라는 공간이 아닌 여러분이 편안함을 느끼는 집과 같은 따뜻한 공간에서요.

여러분이 차분한 마음으로 정성을 담아 쓴 미꽃체 손글씨로 여러분의 앞날이 행운으로 가득하길, 여러분이 가진 무한한 가능성에 훨훨 날개를 달아주길 바랍니다.

김수현 선생님

차례

어린이를 위한 미꽃체 손글씨 작품   4

미꽃체 손글씨 소개
아름다운 꽃처럼 예쁜 손글씨 미꽃체를 소개합니다   12

프롤로그
이 책 한 권이면 악필 교정 학원에 가지 않아도 됩니다!   14

들어가기 전에
우리 한글은 어떻게 만들어졌을까요?   20
한글 손글씨 미꽃체는 어떤 글씨인가요?   24
손글씨를 잘 쓰면 무엇이 좋을까요?   26
미꽃체 손글씨를 잘 쓸 수 있는 자세   32
초등 선생님이 알려주는 연필 쥐는 법   36
어린이를 위한 손글씨 필기구 추천   37

손글씨 톡 여러분의 첫 인상은 글씨로부터 시작돼요!   38

1부. 어린이를 위한 미꽃체 손글씨 수업 미꽃쌤

1. 미꽃체 손글씨 기초 연습

1) 기본 선 그리기와 동그라미 그리기   42
     ① 가로선 그리기   43
     ② 세로선 그리기   44
     ③ 동그라미 그리기   45

2) 여러 가지 선 그리기   46
     ㅏㅑㅓㅕㅗㅛㅜㅠㅡㅣ 그리기   48

3) 세종대왕이 모음 글자를 만든 과학적인 원리 (천지인)   53

2. 미꽃체 가나다 연습

1) 세종대왕이 자음 글자를 만든 과학적인 원리   54

2) 한글 ㄱㄴㄷ 미꽃체로 쓰기   55
     ① 미꽃체 ㄱㄴㄷ 특징   55
     ㄱ부터 ㅎ까지 그리기   57

3) 미꽃체로 한글 자음과 모음 함께 그리기   64
     ㄱ부터 ㅎ까지 모음 함께 그리기   65

     손글씨 톡   글씨를 바르게 쓰려니 너무 힘들다고요?   72

2부. 미꽃체로 다양한 이름부터 표현까지 따라 쓰기 〔미꽃쌤〕 〔수현쌤〕

1. 미꽃체로 이름 쓰기

1) 알아두면 좋은 이름, 내가 좋아하는 것!   76
     ① 과일 이름   77
     ② 꽃 이름   80
     ③ 동물 이름   82
     ④ 곤충 이름   84
     ⑤ 가족 이름   87
     ⑥ 음식 이름   89

2. 미꽃체로 표현 쓰기

1) 알아두면 좋은 표현, 표현을 잘하는 나!   94
     ① 감정 표현   95
     ② 인사말 표현   102

2) 편지 쓰기, 일기 쓰기로 표현하기   106
   편지 쓰기 ① 어버이날   106
   편지 쓰기 ② 스승의 날   108
   편지 쓰기 ③ 친구 생일   110
   일기 쓰기 ①~④   112

3부. 학교 생활이 즐거워지는 미꽃체 손글씨 연습 `미꽃쌤` `수현쌤`

1. 미꽃체로 알림장, 감상문 쓰기

1) 알림장 쓰기 ①~④ ... 122
2) 책 읽고 감상문 쓰기 ... 126
독서록 ①~② ... 128

2. 미꽃체로 노트 정리

1) 배움 공책 쓰기 예시 ①~⑤ ... 132

3. 미꽃체로 마인드맵 그리기

1) 마인드맵 ... 138
① 달의 신기한 점 ... 138
② 지구의 자전 ... 140
③ 생산자 ... 142

4. 미꽃체로 긴 글 쓰기

1) 동화 쓰기 ... 144
① 너의 감정을 말해봐 ... 144
② 로봇 닉키 ... 146
③ 우리 반 목소리 작은 애 ... 148
④ 초등 사자 소학 ... 150

들어가기 전에 우리 한글은 어떻게 만들어졌을까요?

1443년 세종대왕은 우리의 문자 '훈민정음'을 만드셨습니다.
오늘날 우리가 '한글'이라 부르는 문자입니다.
세종대왕은 훈민정음을 만들며 새로운 세상을 꿈꾸셨어요.

> **미꽃체**
> 세종대왕 훈민정음 한글 사랑

1446년 세종대왕이 훈민정음을 만드신 목적과 글자의 원리를 정리한 책《훈민정음》에 나오는 이야기입니다.

✏️ 세종대왕은 우리 민족의 고유한 글자를 만들기로 했어요!

한글이 없던 시절, 우리 선조들은 중국의 한자를 빌려 글자를 썼어요.
소리로 말하는 '입말'은 있는데 이를 옮겨 쓸 글자가 없었던 거죠.
하지만 한자는 우리 말에 맞지 않는 글자였고 배우기도 어려웠습니다.
세종대왕은 "나라의 말이 중국과 달라서" 우리 글자를 만드시기로 했어요.

> **미꽃체**
> 나라의 말이 중국과 달라서

🖍 사람들이 글자를 배우기 어려운 상황을 해결하고 싶었어요!

세종대왕은 한자를 배우지 못한 사람들, 그래서 자신의 생각과 감정을 글로 써서 표현하지 못하는 사람들을 생각하면 마음이 아프셨어요.
세종대왕은 "내 이를 딱하게 여겨 스물여덟 자를 만드니"라고 말씀하시며 누구나 글자를 배울 수 있는 세상을 꿈꾸셨어요.

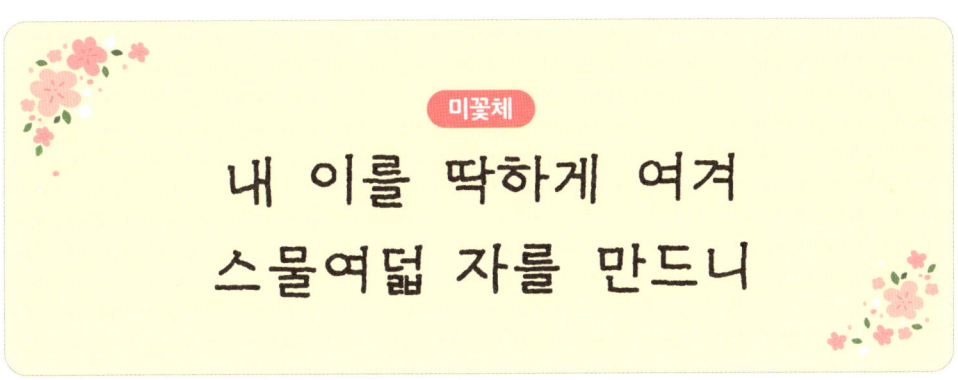

🖍 누구나 쉽게 배울 수 있도록 과학적인 글자를 만들었어요!

요즘은 누구나 한글을 익혀서 자신의 생각을 말하고 쓸 수 있죠?
한글이 없던 시절, 사람들은 글자를 익히는 것이 신기한 일이었어요.
글자는 양반처럼 높은 신분을 가진 사람만 배울 수 있었거든요.

세종대왕은 신분과 상관없이 "사람마다 쉽게 익혀" 누구나 글자를 쓸 수 있도록 우리 말에 맞는 스물여덟 개의 글자를 만드셨어요.

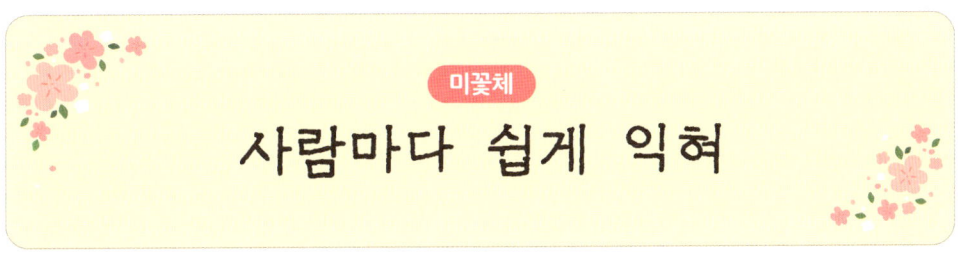

"훈민정음은 슬기로운 사람은 아침나절에 깨우치고
그렇지 못한 사람이라도 열흘이면 배울 수 있다." (세종대왕)

한글을 아침나절에 모두 배울 수 있는 이유는 한글의 모양과 원리가 아주 과학적이기 때문이에요.

✏️ 더 쉽게 소통하고 더 쉽게 배우는 세상을 꿈꾸며!

세종대왕은 "날로 씀에 편안케 하고자 할 따름이니라"고 말씀하시면서 훈민정음을 통해 사람들이 더 쉽게 소통하고 더 많이 배워서 성장하는 세상이 되길 바라셨습니다.

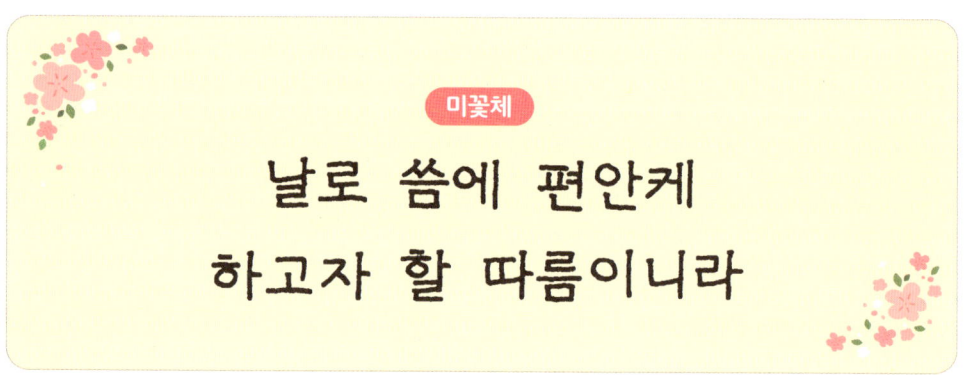

세종대왕이 만든 '훈민정음'은 오늘날 우리의 '한글'로, '한국인의 글자', '하나뿐인 으뜸 글자'를 뜻합니다.

이제는 누구나 한글을 배워서 글을 쓸 수 있게 되었어요.
세종대왕이 꿈꾼 세상, 우리 한글이 지켜나갑니다.

미꽃쌤이 미꽃체 손글씨로 쓴 훈민정음 작품 사진

한글 손글씨 미꽃체는 어떤 글씨인가요?

미꽃체는 책 속에 인쇄된 글씨처럼 반듯한 글씨를 손글씨로 한번 써보자는 생각에서 만든 글씨입니다.

세종대왕이 만드신 한글을 손글씨로 예쁘고 반듯하게 써보고 싶은 마음을 듬뿍 담아 쓴 글씨가 바로 미꽃체예요.

'미꽃체'란,
'아름다운 꽃처럼 예쁘고 반듯한 손글 글씨체'라는 뜻이에요.

✏️ 미꽃체 손글씨가 탄생하기까지

선생님도 처음부터 손글씨를 잘 쓰지는 못했고 손글씨를 쓰면 마음이 편안하고 뿌듯해져서 글씨를 쓰는 일이 좋아졌어요.

글씨를 쓰다보니 잘 쓰고 싶어서 매일매일 부지런히 연습하고 또 연습! 그 결과 선생님의 손글씨 '미꽃체'가 탄생하게 되었답니다.

미꽃체

아름다운 꽃처럼
예쁘고 반듯한 손글씨 미꽃체

🖍 미꽃체 손글씨의 매력

미꽃체를 직접 보면 손으로 쓴 글씨인지, 프린트를 한 글씨인지 헷갈려하는 사람들이 많아요. 미꽃체로 쓴 '가 나 다'를 한번 볼게요.

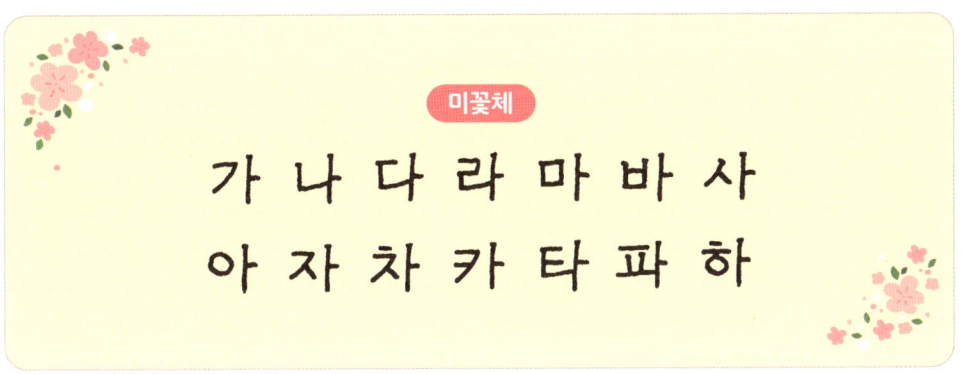

손으로 쓴 글씨 같나요? 마치 인쇄한 것처럼 정말 예쁘고 반듯하죠?

미꽃체가 반듯하고 예쁘게 보이는 이유는 몇 가지가 있어요.

미꽃체는 선을 일자로 반듯하게 써요.

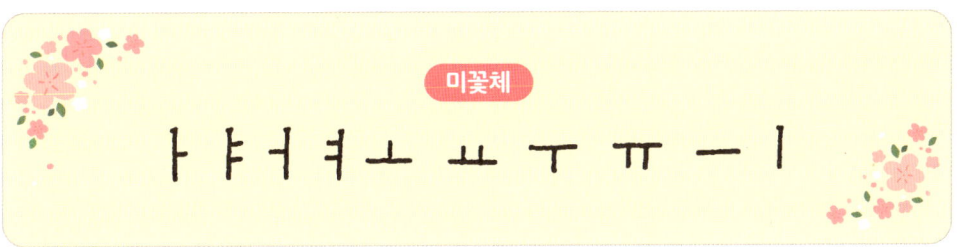

미꽃체는 동그라미 이응(ㅇ)도 아주 둥글게 그려요.

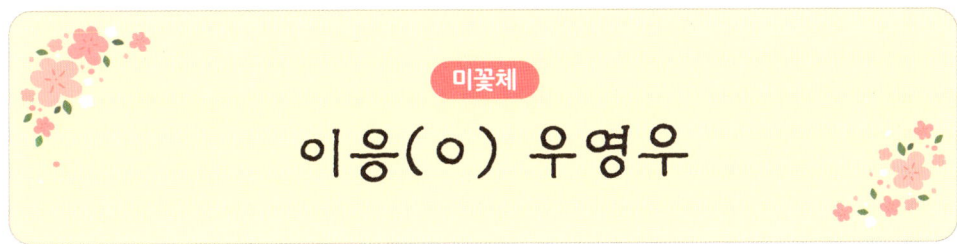

어때요? 참 쉽죠?

여러분도 미꽃체를 조금만 연습하면 예쁜 글씨를 쓸 수 있어요!

손글씨를 잘 쓰면 무엇이 좋을까요?

스마트폰과 컴퓨터로 문자를 쉽게 치고 출력도 할 수 있는데 손글씨가 꼭 필요할까요?

선생님은 "손글씨가 정말 중요하다"고 확실하게 말할 수 있어요.

✏️ 손글씨는 내가 어떤 사람인지 보여줘요!

손가락 지문이 같은 사람은 이 세상에 단 한 명도 없다고 하죠?
지문뿐만이 아니에요.
걸음걸이도 손가락 지문처럼 사람마다 다르다고 하니 신기하죠?
특이한 점은 걸음걸이에는 사람의 마음과 성격, 기분의 상태, 평소 생활 습관도 묻어난다는 사실이에요.

걸음걸이를 보면 어떤 성격인지, 지금 어떤 기분인지, 평소에 어떤 자세로 지내는지 알 수 있어요.

구부정하게 걷는 자세는 반듯한 자세보다 보기에 좋지 않을 뿐만 아니라 자세가 안 좋으면 목과 허리에 통증이 생기고, 몸이 아프면 표정이 어둡고 작은 일에도 힘들어하고, 기운이 없으면 쉽게 지치고 짜증을 내기 쉬워서 주변에서 불편해해요.

안 좋은 자세

반대로 자세가 좋으면 몸의 중심이 잘 잡혀서 안정감이 느껴지고, 중심이 잘 잡혀 있으면 주변 상황이나 다른 사람의 말에 쉽게 흔들리지 않고, 차분하고 단정한 모습을 보여주면 사람들로부터 인정을 받고, 친구들의 신뢰를 받으면 어디서나 빛이 나고 사람들을 이끌게 돼요.

바르고 좋은 자세

손글씨도 자세와 마찬가지로 글씨가 반듯하면 좋은 인상을 주고 글씨가 삐뚤빼뚤하면 안 좋은 인상을 줘요.

'에이, 글씨 좀 못 쓰면 어때?
시험 잘 봐서 좋은 대학만 가면 되지!'

'학교에서나 글씨 잘 쓰라고 하지.
밖에 나가면 글씨 쓸 일이 없던데.'

혹시 이렇게 생각하진 않나요? 물론 손글씨로 쓰던 많은 일을 컴퓨터나 기계가 대신 하게 되면서 글씨의 중요성도 많이 약해졌죠. 하지만 평소 글씨 연습을 전혀 하지 않다보니 정작 글씨를 써야 할 때 자신이 크게 당황하기도 하고, 글씨 때문에 사람들이 충격을 받기도 해요.
잘 쓴 글씨를 '명필', 잘 쓰지 못한 글씨를 '악필'이라고 해요.
악필은 주변에서 '악!' 하고 소리를 낼 만큼 충격을 주기도 해요.

✏️ 글씨 자신감이 생기면 공부도 잘할 수 있어요!

우리가 잘 알고 있는 '세종대왕', '이순신', '신사임당', 이 세 명의 위인에게는 공통점이 하나 있어요. 혹시 뭔지 알 것 같나요?
서로 전혀 어울리지 않을 것 같아 보이는 세 사람에게 공통점이라니, 힌트를 주자면 이 책과 관련이 있다는 거예요. 🙂
눈치 빠른 친구들은 정답을 바로 맞힐 수 있을 것 같네요. 바로 모두 '명필'이었다는 사실이에요.

먼 옛날부터 지금까지 인간은 손을 이용해 글자를 쓰고 그림을 그리며 기록을 남겨왔어요. 글자와 그림으로 기록을 하는 것을 넘어서 자연을 관찰하고 새로운 지식을 배우고 정리를 할 때도 손을 이용했죠.
물론 '말소리'를 이용해 사람들에게 얘기도 해주면서 정보를 공유했어요. 말에도 강력한 힘이 있죠. 하지만 '글자'의 힘은 더욱 강했어요. 글자는 말보다 더 오래 보존이 되고 더 멀리 더 정확하게 전해질 수 있기 때문이에요. 그래서 훌륭한 사람들은 글씨를 열심히 쓰면서 자기만의 글씨체를 만들었고 사람들로부터 놀랍다는 칭찬과 존경의 인사를 받았어요.

지금도 마찬가지에요. 글씨를 잘 못 쓰는 것보다 바르게 또박또박 쓰면 스스로 자신감이 생겨요. 다른 친구도 선생님도 부모님도 멋지다고 칭찬할 거예요. 이렇게 자신감이 점점 더 커지면 공부도 더 자신 있게 할 수 있답니다.

✏️ 바른 글씨는 정성과 예의를 보여줘요!

교실에서 여러분은 언제나 연필과 함께 있죠?
연필이 아니더라도 색연필이나 사인펜이 함께 있을 거예요.
선생님은 학생들을 지도하고 가르치는 사람으로서 누구보다 글씨에서 사람의 성격과 마음을 읽을 수 있게 되었어요.

여러분도 담임 선생님으로부터 "글씨를 바르게 써야 한다"는 이야기를 많이 들어봤을 거예요.
선생님도 학생들에게 '바른 글씨'를 강조해요.
학생들에 대한 기록이 공식적인 문서로 남을 때는 더욱 그래요.

물론 기록도 중요하지만 바른 글씨는 서로에 대한 '예절'이기도 해요.
혼자서 보는 일기나 급하게 적은 메모는 상관없지만 '나' 말고 다른 누군가도 보는 글씨라면 글씨를 바르게 쓰기 위해 노력해야겠죠?

한 글자 한 글자 최선을 다해서 열심히 쓴 학생들의 일기장과
선생님의 코멘트가 적힌 메모장

선생님도 학생들에게 예절을 지키고 솔선수범하기 위해서 글씨를 바르게 쓰겠다고 약속하고 정성껏 글씨를 씁니다.

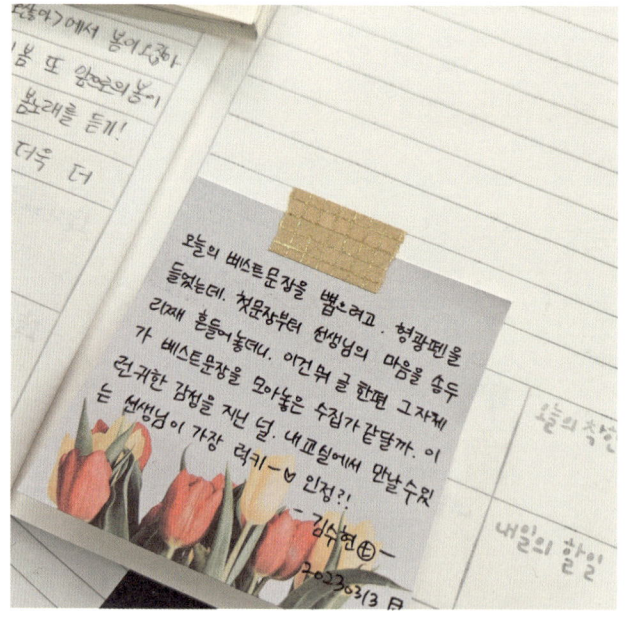

선생님도 되도록 예쁜 글씨로 일기장에 코멘트를 달아줍니다.
예쁜 글씨는 많은 정성이 필요해요. 그만큼 읽는 사람의 기분도 좋아지지요. ❤

✏️ 미꽃체 연습을 통해 바른 글씨를 배울 수 있어요!

이렇게 선생님이 오랫동안 학생들에게 바른 글씨의 중요성을 강조해 왔지만 정작 그 요령을 가르쳐줄 수는 없었어요.

하지만 미꽃 선생님의 미꽃체를 알게 된 뒤 어린이들에게 미꽃체가 큰 도움을 줄 수 있다는 확신을 갖게 되었어요.

미꽃체를 따라 쓰고 연습하면 손글씨가 눈에 띄게 좋아질 거예요.

> **미꽃체**
> 어린이 손글씨 어린이 미꽃체

선생님은 미꽃 선생님과 함께 여러분이 미꽃체로 글씨 연습을 할 수 있도록 도와줄 수 있게 되어 뿌듯해요.

이 책으로 미꽃체를 연습하면 바른 글씨를 쓰는 기쁨과 손글씨 효과를 느낄 수 있을 거예요. 한 권을 다 마쳤을 때, 펜을 쥐고 있는 여러분의 손은 더욱 여물어져 있을 거예요.

그리고 지금 여러분이 손끝으로 익힌 미꽃체는 평생 여러분의 글씨가 될 거예요. 어린이들의 손끝에서 탄생할 아름다운 미꽃체가 벌써부터 기대됩니다.

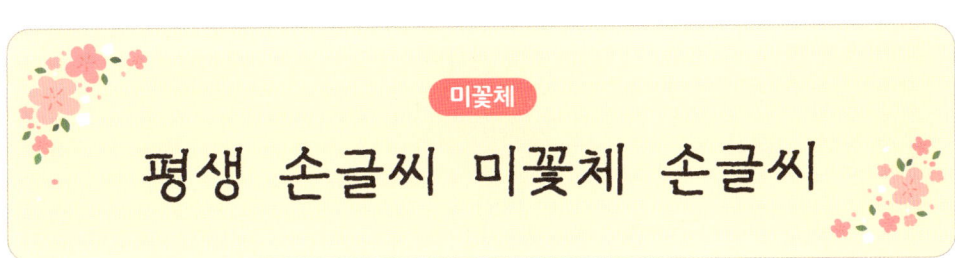

미꽃체 손글씨를 잘 쓸 수 있는 자세

걸음걸이에서 자세가 중요하듯 글씨를 쓸 때도 자세가 중요합니다.
글씨를 쓸 때 목을 잔뜩 숙이고 어깨에 힘을 주면 몸이 금방 불편해질 뿐만 아니라 손에 힘이 잔뜩 들어가서 글씨가 잘 써지지 않아요.
글씨를 잘 쓰기 위해서는 무엇보다 '자세'가 중요해요.
손글씨를 잘 쓸 수 있는 자세 준비 방법을 알려줄게요.

✏️ 좋은 글씨를 만드는 자세 ① 호흡

먼저, 간단한 방법으로 몸에 들어가 있는 힘을 뺄 거예요.
바로 '호흡'을 통해서예요.
자, 숨을 한번 깊이 들이마시고 천천히 내쉬어볼까요?

주의할 점은 숨을 들이마실 때 '입을 벌리지 말아야 한다'는 거예요.
오직 '코'로만 숨을 깊이 들이마셔봐요. 1초, 2초, 가능하면 3초까지.
그리고 다시 코로 천천히 내쉬는 거예요.

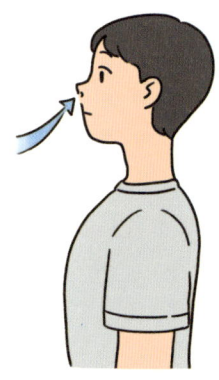

코로 숨을 들이마시기

나도 모르게 몸에 꽉 쥐고 있던 힘이 풀리는 것을 느낄 수 있나요?

긴장을 하면 몸이 움츠려들면서 힘을 꽉 쥐게 돼요.

심호흡을 몇 번 하면 몸의 힘이 풀리면서 긴장이 누그러지는 것을 느낄 수 있을 거예요.

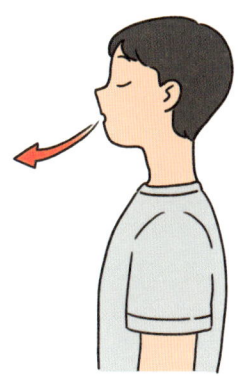

코로 숨을 천천히 내쉬기

긴장하면 평소에 잘하던 것도 제대로 하지 못해요.

글씨도 마찬가지로 호흡을 통해서 몸의 긴장을 풀어주세요.

좋은 글씨를 만드는 자세 ② 상체 스트레칭 (허리 어깨 목)

긴장을 풀었으면 이제 책상에 앉아서 바른 자세를 잡아봐요.

의자를 당겨 앉은 다음 허리를 펴고 양팔을 깍지 낀 채 두 팔을 앞으로 쭉 뻗어요.

다음 그림처럼 양팔을 앞으로 쭉 뻗은 두 팔을 천천히 양쪽 귀 옆으로 붙이듯 펴서 올려요. 이 동작을 몇 차례 반복해요. 그럼 어깨에 뭉친 근육이 풀리면서 시원해지는 걸 느낄 거예요.

양팔 들어 올리기

이렇게 하면 허리부터 어깨가 쭉 펴질 거예요.

그다음 목을 앞뒤, 양옆으로 천천히 움직여줘요. 목 운동을 할 때는 목의 앞뒤, 양옆 근육을 천천히 잡아당기는 느낌으로 천천히 펴줘요.
목의 양옆을 펴줄 때는 손으로 귀를 지긋이 눌러주면 도움이 돼요. (오른손은 왼쪽 귀, 왼손은 오른쪽 귀로 반대되게 해요.) 목의 앞뒤를 펴줄 때는 양손을 깍지를 껴서 머리를 눌러주고, 반대로 턱을 올려줘요.

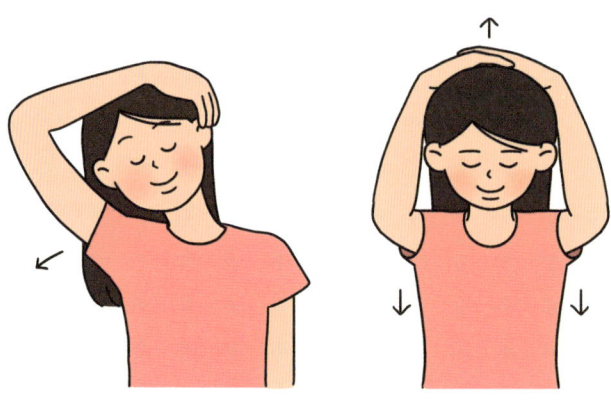

목 운동

✏️ 좋은 글씨를 만드는 자세 ③ 손

허리부터 어깨, 목까지 상체를 풀어줬으면 이제 손을 풀어줘요.
양손을 깍지를 껴서 마주 잡고 주물러줘요.
깍지를 편 다음 양쪽 열 손가락을 쥐었다 폈다 하면서 스트레칭 해요.
양쪽 손목도 시계 방향, 시계 반대 방향으로 천천히 돌려줘요.

양손 운동

마지막으로 양손을 살살 털듯이 풀어줘요. (이때 손목이 다치지 않도록 천천히 풀어주세요.)

이 운동은 글씨는 물론 수업 전후나 공부할 때도 도움이 되고 평소에도 자주 하면 건강에 아주 좋아요.

초등 선생님이 알려주는 연필 쥐는 법

교실에서 보면 연필을 희한하게 잡는 친구들이 있어요.
지금 연필을 꺼내서 손에 한번 쥐어볼까요?

아래 그림과 같이 연필을 바르게 쥐어볼 수 있도록 해봐요.

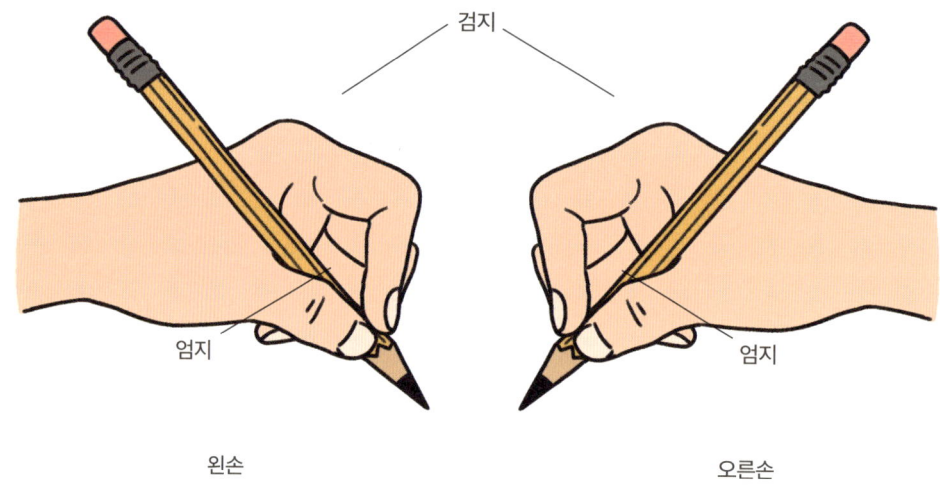

① 엄지(첫째)와 검지(둘째)를 이용해 연필을 잡아요.
② 중지(셋째)로 연필을 받쳐줘요.
③ 연필의 기울기를 그림과 같이 해서 가볍게 잡아요.

연필을 바르게 쥐어야 글씨도 바르게 쓸 수 있어요. 연필을 잡은 손에 힘이 너무 많이 들어가지 않도록 해요.

어린이를 위한 손글씨 필기구 추천

연필 종류에는 대표적으로 2B, 4B, HB 등이 있어요.
여기서 말하는 알파벳 B와 H는 무슨 뜻일까요?

먼저, 연필심은 '흑연'과 '점토'를 섞어서 만들어요!
B는 'Black(블랙)'의 앞글자로 '검정'을 뜻하며 '흑연' 성분을 가리켜요.
H는 'Hard(하드)'의 앞글자로 '단단한'을 뜻하며 '점토' 성분을 가리켜요.

B 앞에 숫자가 높을수록 흑연이 많이 들어가서 연필심이 더 검고 짙어요. 점토는 덜 들어가서 연필심이 무르고 부드럽죠. HB는 B보다 진하지는 않지만 점토가 더 많이 들어가서 연필심이 단단해요.

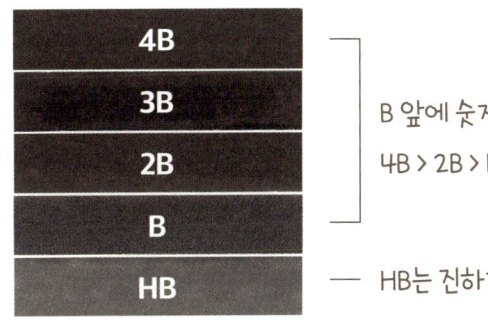

B 앞에 숫자가 높을수록 더 진하고 부드러워져요!
4B > 2B > B > HB

HB는 진하지는 않지만 단단한 연필이에요.

선생님은 처음에는 2B 연필을 추천해요. 연필은 종류별로 다양하게 한 번 써보도록 해요.
자신에게 잘 맞는 연필을 찾아봐요.

여러분의 첫 인상은 글씨로부터 시작돼요!

"안녕하세요?
여러분과 일 년 동안 한 교실에서 생활할
김수현 선생님입니다." 🙂

새 학년 새 학기는 선생님의 이 말로 시작됩니다.
여러분이 새 학년이 시작하기 전날,
두근두근 떨리는 것처럼 선생님들도 마찬가지랍니다.

어떤 친구들이 우리 교실에 모이게 될지 몹시 궁금하죠?
선생님에 대해 여러분이 궁금한 점이 많은 것처럼,
선생님도 똑같은 마음이에요.
그래서 새 학년 새 학기에 모든 교실에서 하는 것이 있지요?

바로 '자기소개'입니다.
처음 보는 선생님과 낯선 친구들 앞에서 나에 대해 말하는 것은
생각보다 힘든 일이죠.
그래서 보통은 담임선생님이 '자기를 소개하는 글'을 쓰는
학습지를 나눠주십니다.

어린이를 위한 미꽃체 손글씨

그리고 어린이들은 자기소개 학습지에 '이름, 좋아하는 과목,
특기, 취미, 가족관계, 성격, 친구들과 선생님에게 하고 싶은 말'까지
나를 소개하는 글을 쓰게 됩니다.

자기소개 글 한 장이 여러분과 선생님의 첫 만남입니다.
학습지 속 여러분에 대한 이야기가 여러분과 선생님의 첫 만남이죠.
내 첫인상은 자기소개 학습지 속 내 글씨로부터 시작되는 것입니다.

자기소개 학습지에는 이름, 취미, 특기 등의 정보만 담기는 것이 아니기 때문이죠.
바로 '글씨'도 담깁니다. ⭐⭐⭐⭐⭐
이렇게 나를 나타내는 글을 쓸 때에는, 바른 글씨로 써야 해요.

'글씨'에는 눈에 보이지 않는 그 사람의 정성과 마음이 담겨요.
마음에 불평과 화가 많은 상태로 글씨를 쓸 때에는
당연히 삐죽삐죽 못난 글씨로 담길 것이고요.
마음에 감사와 편안으로 가득차 있는 상태라면, 바르고 안정된 글씨로 담길 테니까요.

여러분은 새 학년이 시작되는 날,
자기소개 학습지에 어떤 글씨로 나를 소개하는 글을 써야 할까요?
여러분이 선생님이라면,
어떤 글씨로 쓴 자기소개 글에 하트가 뿅뿅! 발사될까요? ❤

1부

어린이를 위한 미꽃체 손글씨 수업

글·손글씨  미꽃쌤

1. 미꽃체 손글씨 기초 연습

✏️ 1) 기본 선 그리기와 동그라미 그리기

그림을 처음 배울 때 무엇을 먼저 배울까요?

바로 '선 그리기'에요.

모든 그림의 기본이 바로 '선'이기 때문이에요.

손글씨도 마찬가지에요.

처음부터 '글씨를 잘 써야 해'라고 생각하면 부담이 돼요.

'글씨를 그린다'고 생각하면 마음이 훨씬 가벼워질 거예요.

먼저, 선생님과 함께 한글의 기본인 '가로선'과 '세로선'을 그려봐요.

그다음 '동그라미'를 그려봐요.

① 가로선 그리기

② 세로선 그리기

③ 동그라미 그리기

✏️ 2) 여러 가지 선 그리기

선생님 말대로 '글씨를 그린다'고 생각하니까 훨씬 쉽고 재밌죠?
이번에는 좀 더 다양한 모양의 선을 함께 그려볼 거예요.
걱정 말아요, 굉장히 쉬워요.
앞에서 그려본 가로선과 세로선에 '점'을 추가해 그려볼 거니까요.

먼저, 선생님과 함께 가로선에 점 하나를 추가해 그려볼까요?

여러분은 이제 한글 'ㅡ(으)'를 잘 그릴 수 있고 'ㅜ(우)'도 잘 그릴 수 있게 되었어요.

이제 선생님과 함께 세로선에 점 하나를 추가해 그려볼까요?

여러분은 이제 한글 'ㅣ(이)'를 잘 그릴 수 있고 'ㅏ(아)'도 잘 그릴 수 있게 되었어요.
여기에 '동그라미'를 추가해서 그리면 한 글자가 완성이 돼요.
같이 그려볼까요? 자, '우' 그리기 완성!

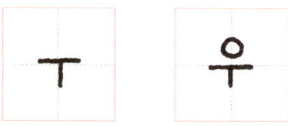

이번에는 '아' 그리기 완성!

우아! 너무 잘했어요! '우아' 완성!

*우아: 뜻밖에 기쁜 일이 생겼을 때 내는 소리.

이렇게 선을 그리다보면 글자를 완성할 수 있어요!

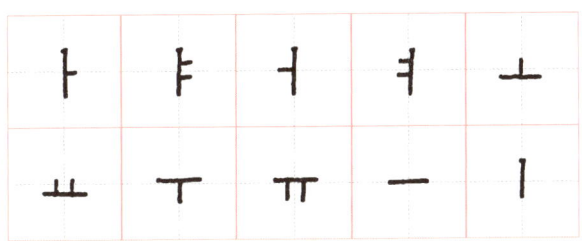

왼쪽부터 순서대로 '아, 야, 어, 여, 오, 요, 우, 유, 으, 이'라고 읽어요.
한글에서는 이런 소리를 '모음'이라고 해요.
한번 소리를 내서 읽어볼까요?
모음은 소리를 내는 동안 입술이나 혀가 소리를 막지 않는 소리에요.
선생님과 함께 여러 가지 선을 그리면서 연습해봐요!

ㅏ (아) 그리기

ㅏ ㅏ ㅏ ㅏ ㅏ ㅏ ㅏ ㅏ ㅏ ㅏ

ㅑ (야) 그리기

ㅑ ㅑ ㅑ ㅑ ㅑ ㅑ ㅑ ㅑ ㅑ ㅑ

ㅓ (어) 그리기

ㅕ (여) 그리기

ㅗ (오) 그리기

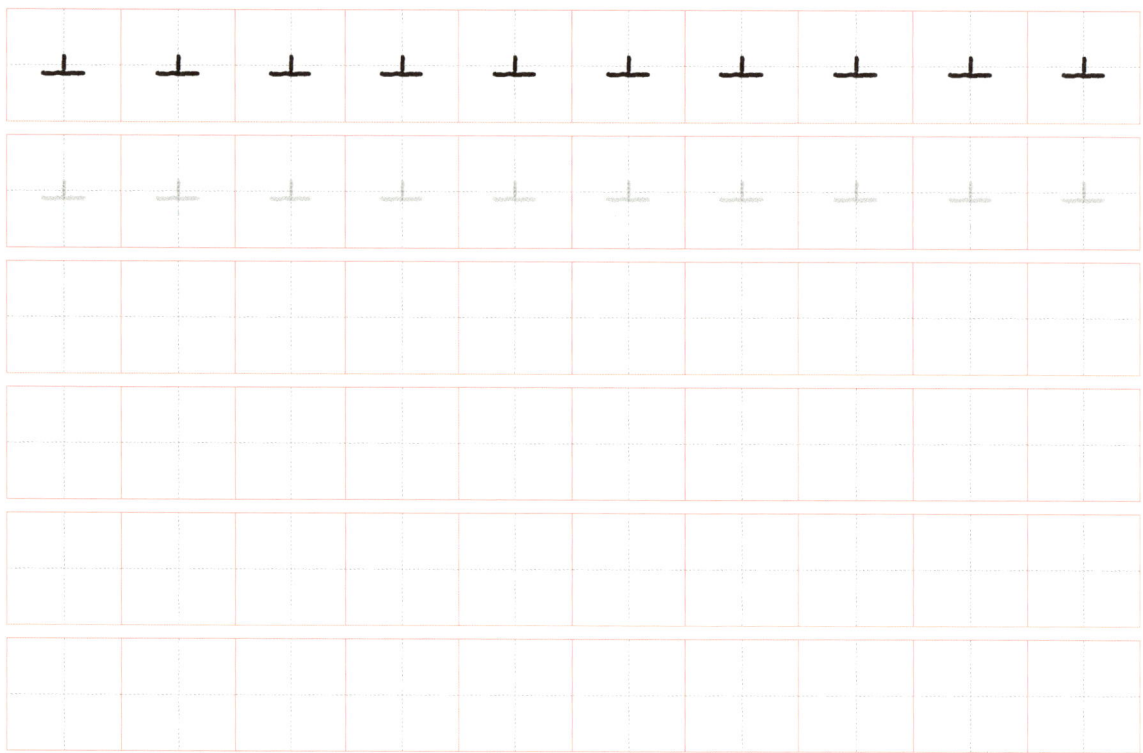

ㅛ (요) 그리기

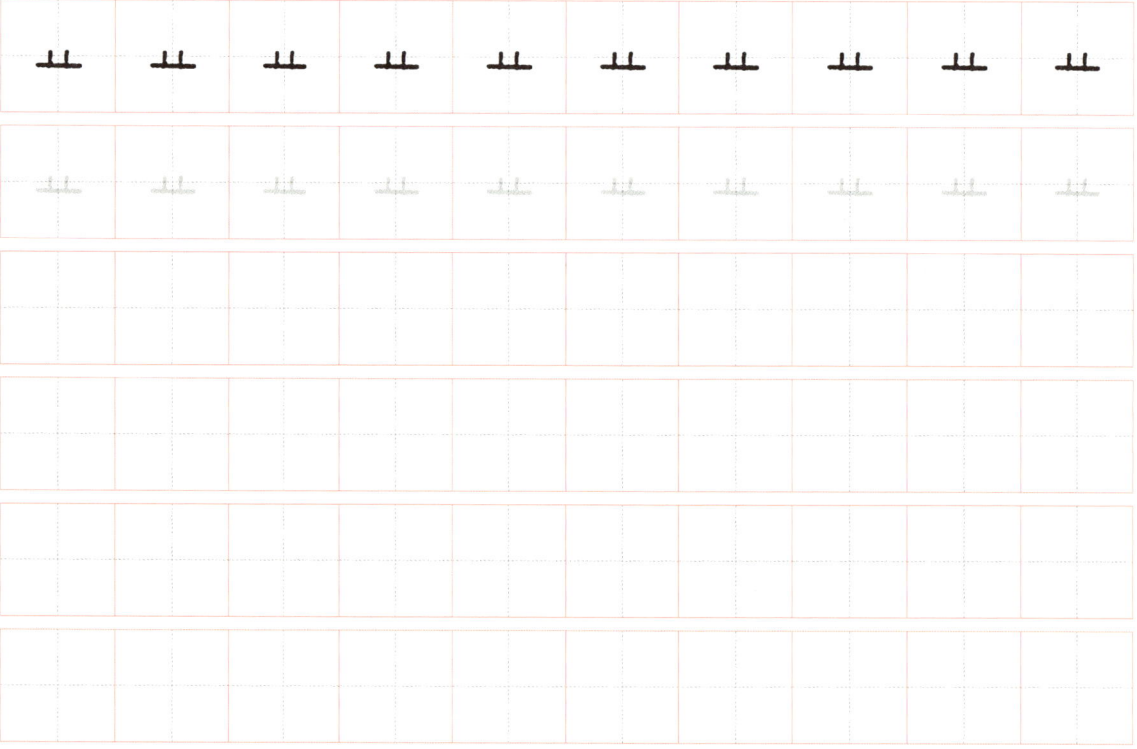

ㅜ (우) 그리기

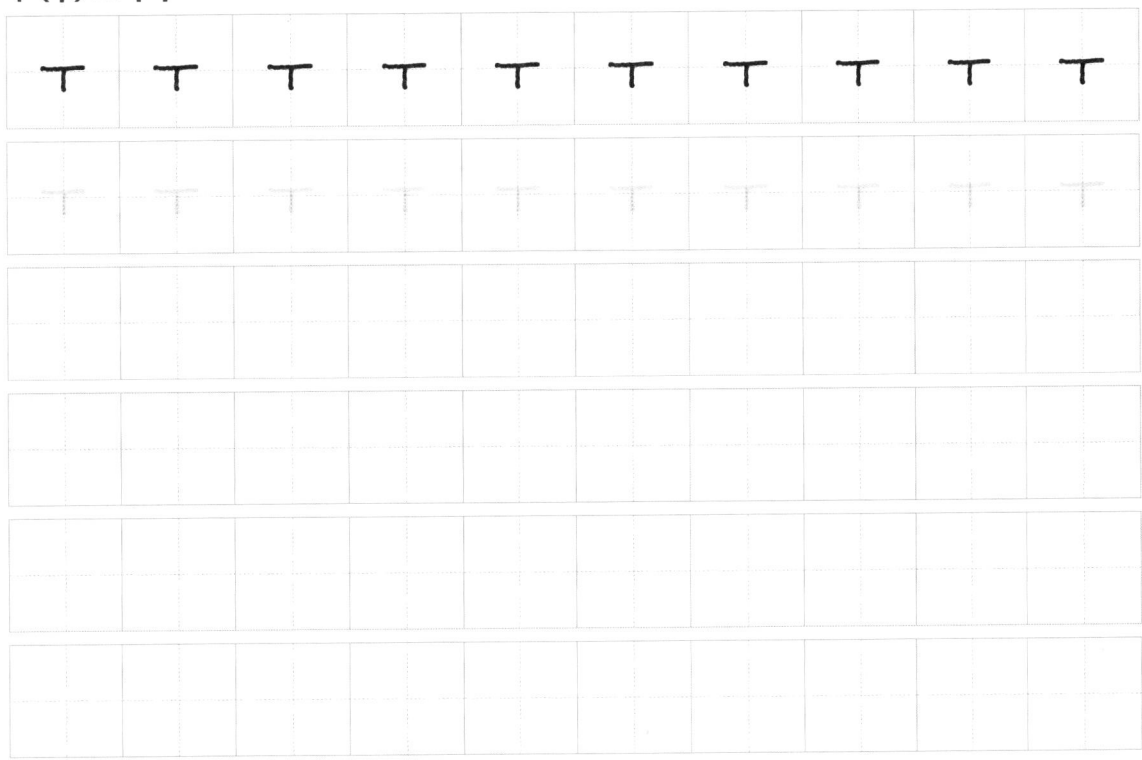

ㅠ (유) 그리기

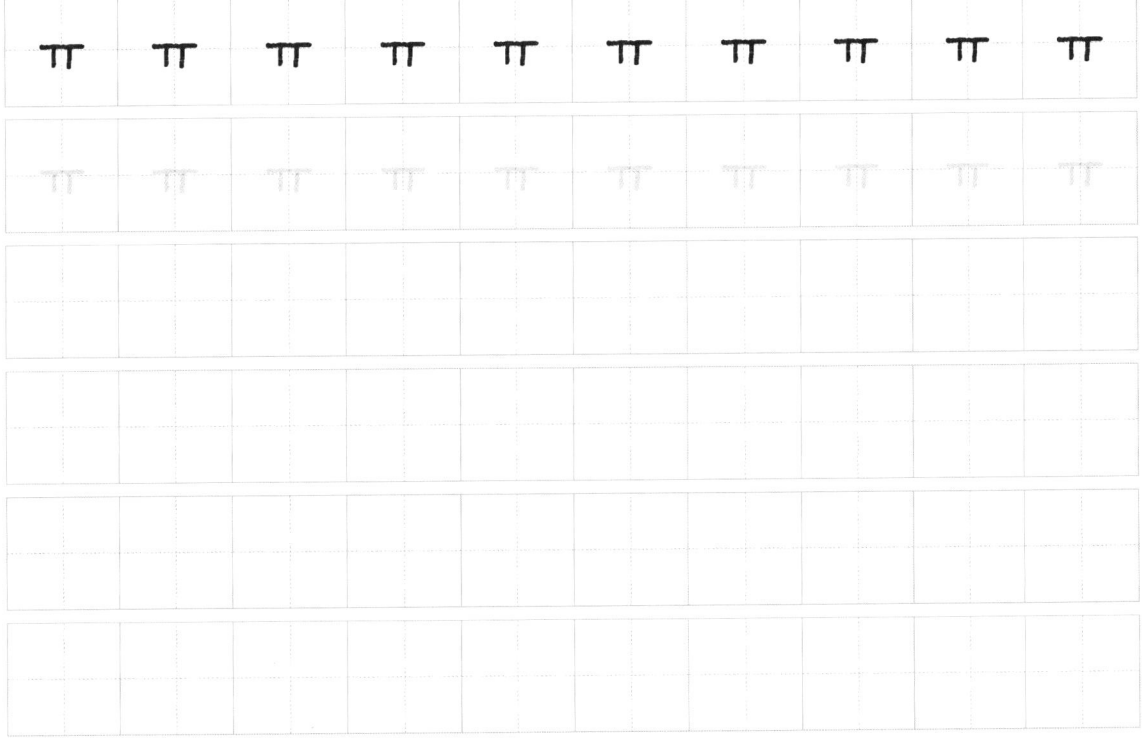

ㅡ (으) 그리기

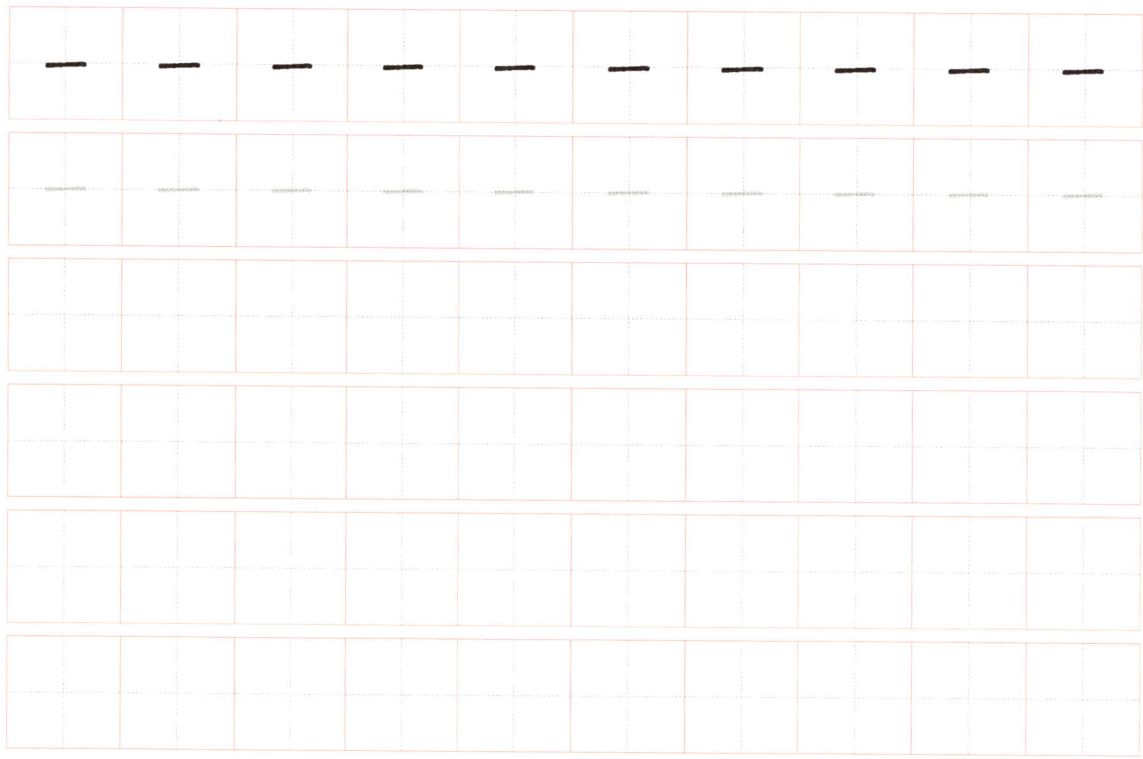

ㅣ (이) 그리기

✏️ 3) 세종대왕이 모음 글자를 만든 과학적인 원리 (천지인)

지금까지 선생님과 함께 한글 모음을 그려봤어요.
우리는 'ㅡ' 가로선 (수평선) 그리기, 'ㅣ' 세로선 (수직선) 그리기,
'·' 점 그리기를 해봤어요.

땅　　　사람　　　하늘

'ㅡ' 가로선은 지평선과 같은 '땅'을 상징해요.
'ㅣ' 세로선은 땅에 서 있는 '사람'을 상징해요.
'·' 점은 땅과 사람을 감싸주는 '하늘'을 상징해요.
이 세 가지를 한자로 '천(하늘 천), 지(땅 지), 인(사람 인)'이라고 해요.

여러분도 '천지인'이라는 말을 들어본 적 있죠?
휴대전화 문자 메시지를 입력할 때 한글을 '천지인' 방식을 이용하면 쉽게 입력할 수도 있어요.

세종대왕은 이렇게 자연을 잘 관찰해서 우리 한글을 과학적으로 만드셨어요.
미꽃체는 세종대왕이 만드신 한글을 반듯하고 예쁘게 쓸 수 있는 손글씨랍니다.

2. 미꽃체 가나다 연습

1) 세종대왕이 자음 글자를 만든 과학적인 원리

앞에서 글씨의 기본이 되는 선 그리기 연습을 통해 한글 모음을 미꽃체로 잘 쓸 수 있게 되었어요.

이제 '자음'을 써볼 건데요, 자음은 모두 14개예요.

자음은 목구멍에서 나오는 소리가 혀, 이빨, 잇몸, 입술 등 우리 몸의 발음 기관을 거치면서 나는 소리에요.

세종대왕은 우리 몸에서 나는 곳의 모양을 본떠서 자음의 기본 모양을 만들었어요.

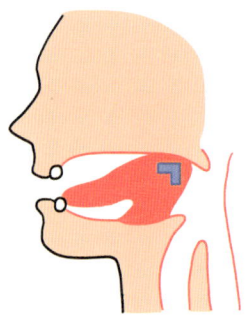

소리가 나는 곳의 모양을 본떠 만든 ㄱ(기역)의 모양

머릿속 상상력으로 만든 글자가 아니라, 우리 몸을 잘 관찰하고 이를 본떠서 만든 글자이기 때문에 한글을 '과학적인 글자'라고 해요.

ㄱ	ㄴ	ㄷ	ㄹ	ㅁ	ㅂ	ㅅ
ㅇ	ㅈ	ㅊ	ㅋ	ㅌ	ㅍ	ㅎ

미꽃체로 한글 자음을 가장 반듯하고 예쁘게 쓸 수 있어요!

✏️ 2) 한글 ㄱㄴㄷ 미꽃체로 쓰기

① 미꽃체 ㄱㄴㄷ 특징

- 기역 : 세로획이 가로획보다 길어지지 않도록 쓰면 예뻐요.

- 니은 : 가로획 길이가 너무 길면 뚱뚱해 보여서 너무 길지 않게 써요.

- 디귿 : 세로획이 사선이 되지 않도록 항상 선은 일자로 반듯하게!

- 리을 : 위아래 여백을 일대일 비율로 맞춰주세요.

- 미음 : 세로로 살짝 긴 모양이 보기 좋아요.

- 비읍 : 세로획 길이를 일정하게 맞춰주세요.

- 시옷 : 첫 번째 세로획보다 두 번째 세로획이 길어지지 않게 써요.

- 이응 : 동그라미가 너무 작거나 크지 않게, 천천히 원을 그려요.

- 지읒 : 가로획보다 세로획이 살짝 더 긴 모양이 보기 좋아요.

- 치읓 : 첫 번째 가로획보다 두 번째 가로획이 더 길어야 보기 좋아요.

- 키읔 : ㄱ(기역)에서 가운데 짧은 가로획을 추가해서 그려줘요.

- 티읕 : ㄷ(디귿)의 가운데 가록획을 추가해서 그려줘요.

- 피읖 : 가로획의 시작점을 비슷하게, 세로획 간격도 너무 좁지 않게 해요.

- 히읗 : 가로획은 아래가 더 길게, 동그라미는 아래 가로획 가운데 맞춰요.

ㄱ (기역) 그리기

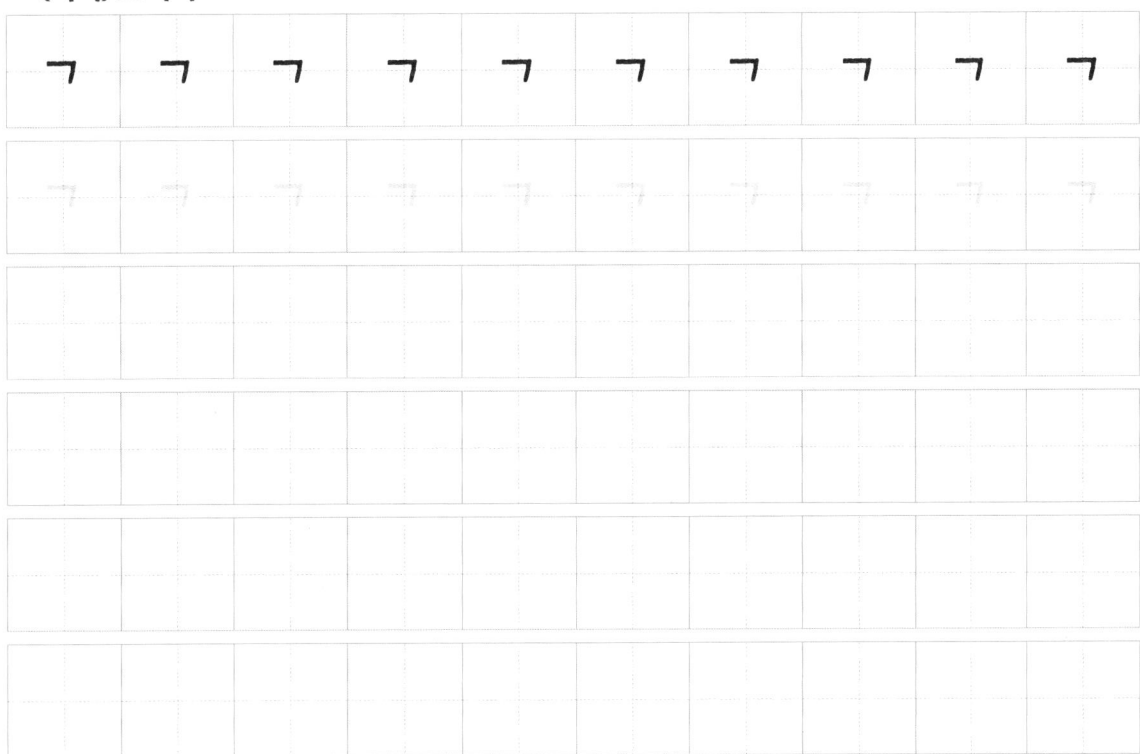

ㄴ (니은) 그리기

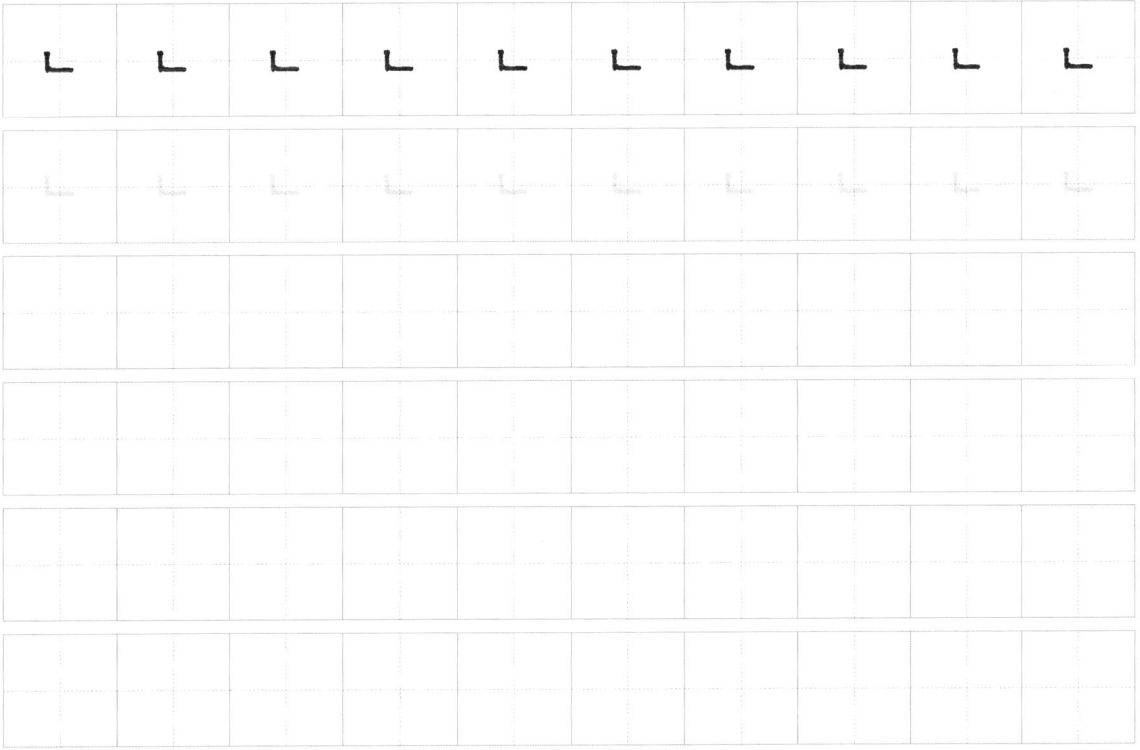

ㄷ (디귿) 그리기

ㄹ (리을) 그리기

ㅁ (미음) 그리기

ㅂ (비읍) 그리기

ㅅ (시옷) 그리기

ㅇ (이응) 그리기

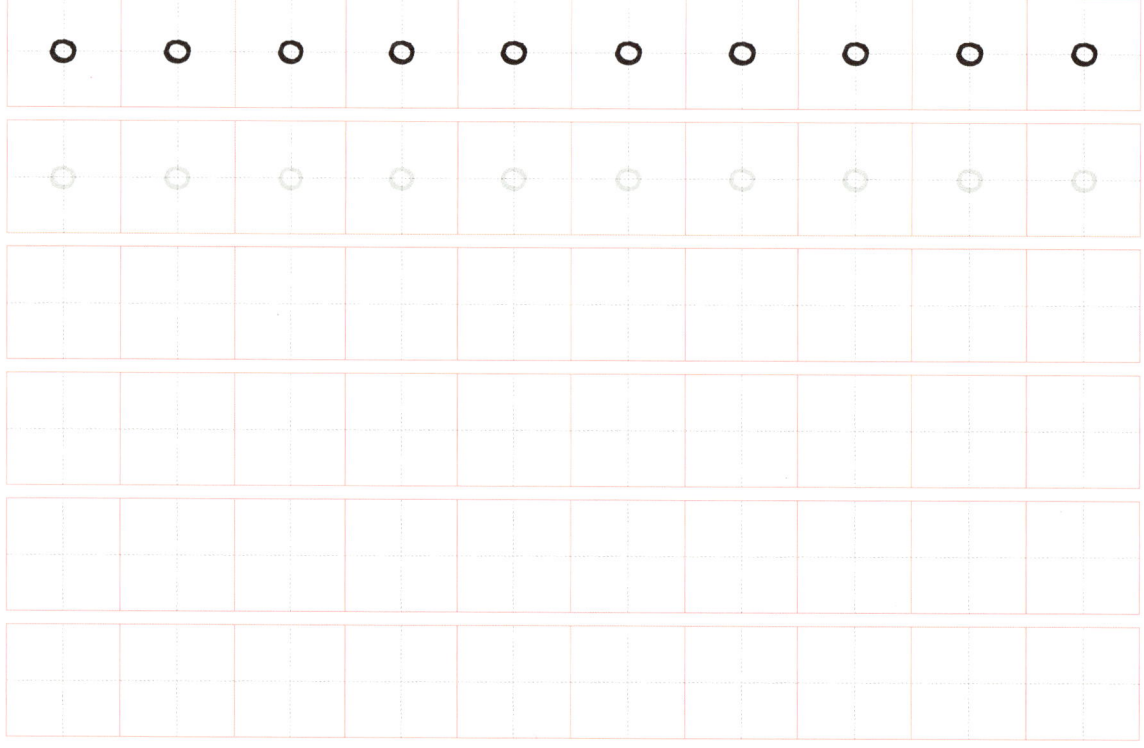

ㅈ (지읒) 그리기

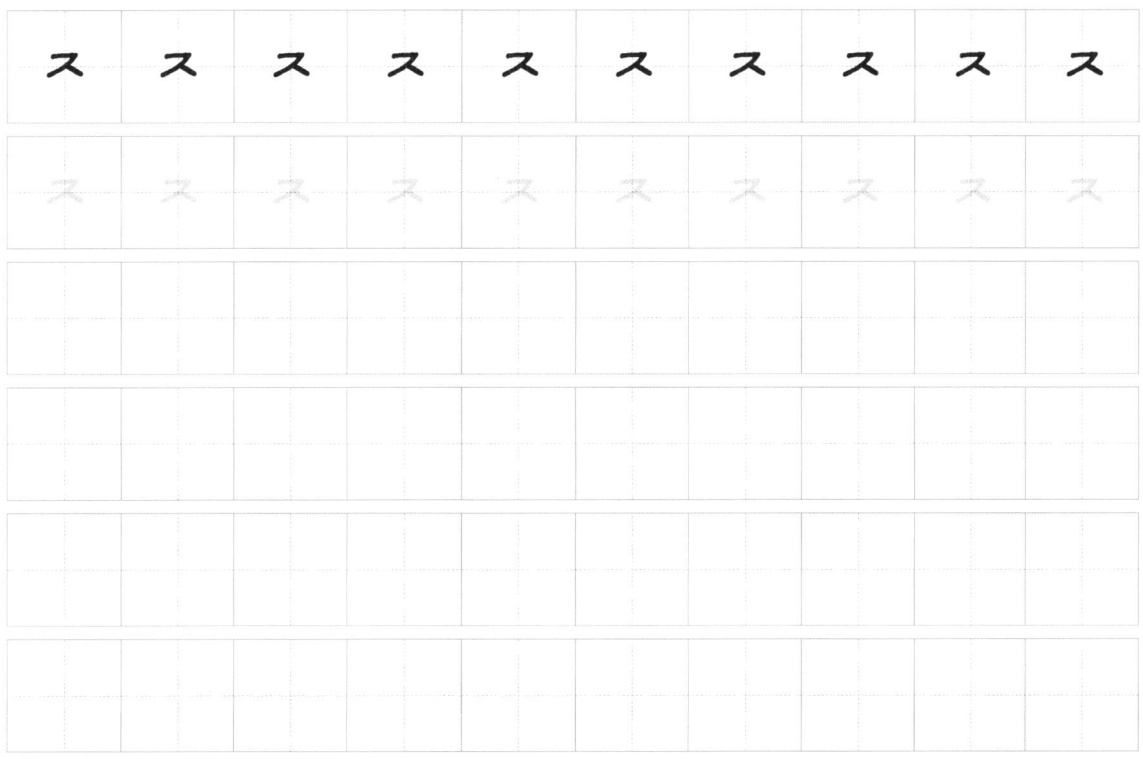

ㅊ (치읓) 그리기

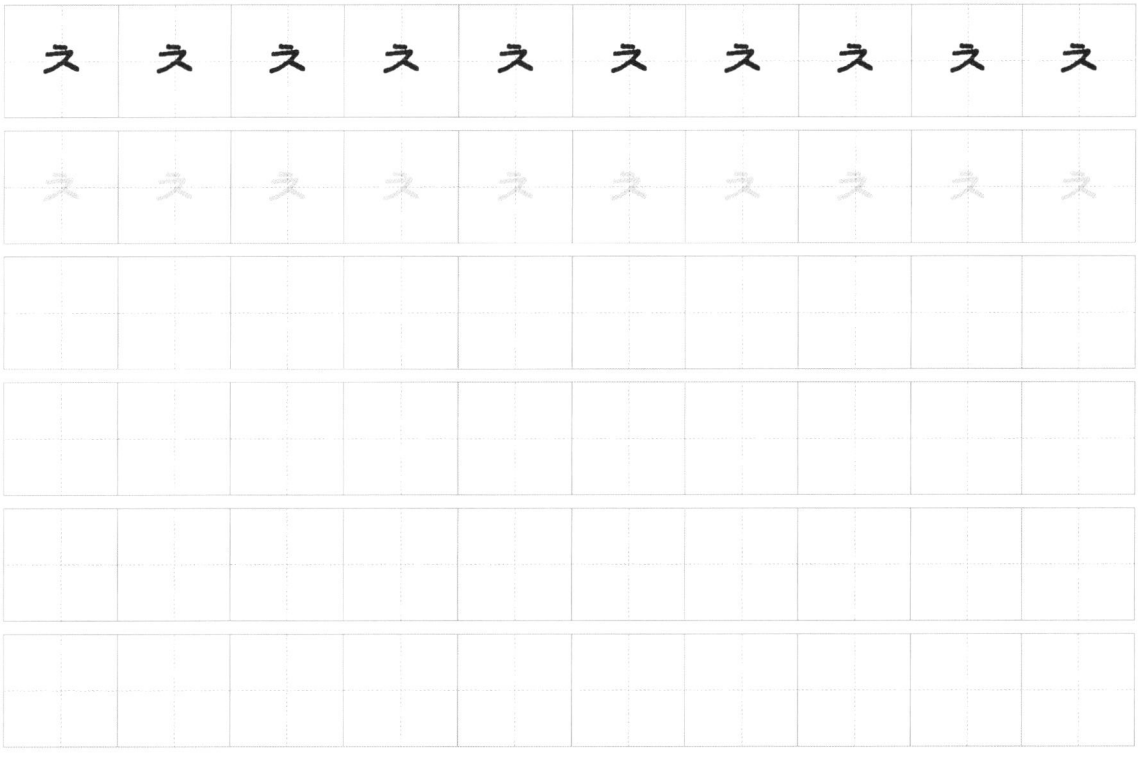

ㅋ (키읔) 그리기

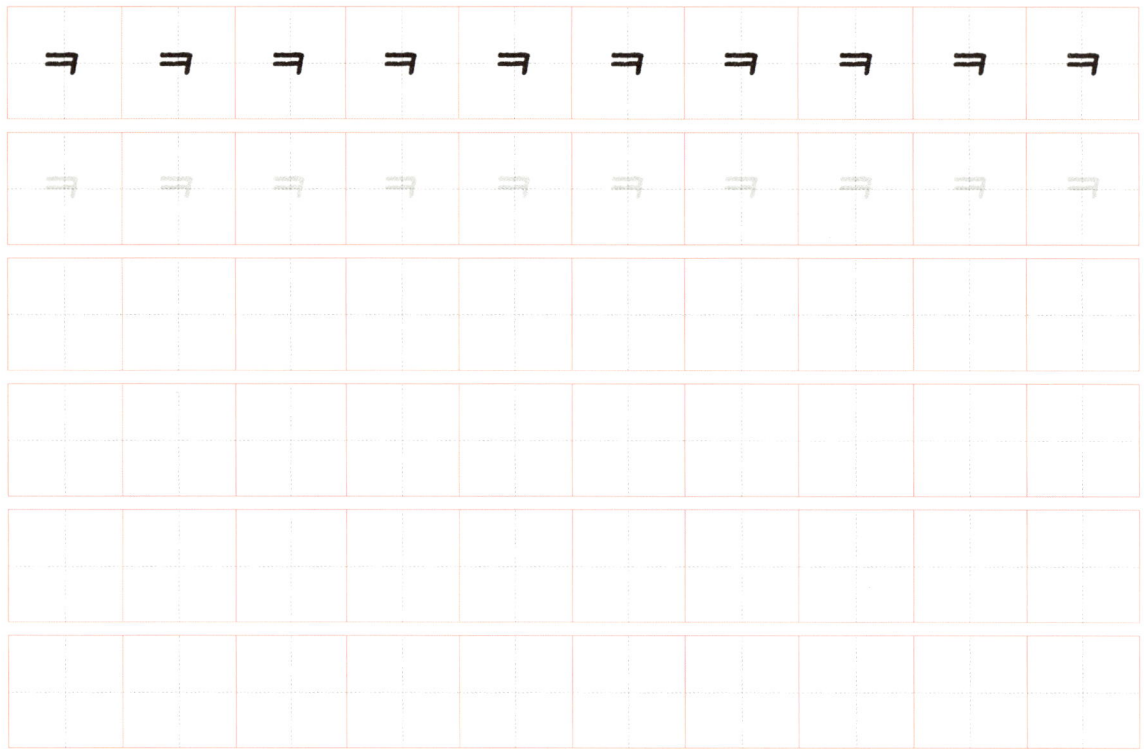

ㅌ (티읕) 그리기

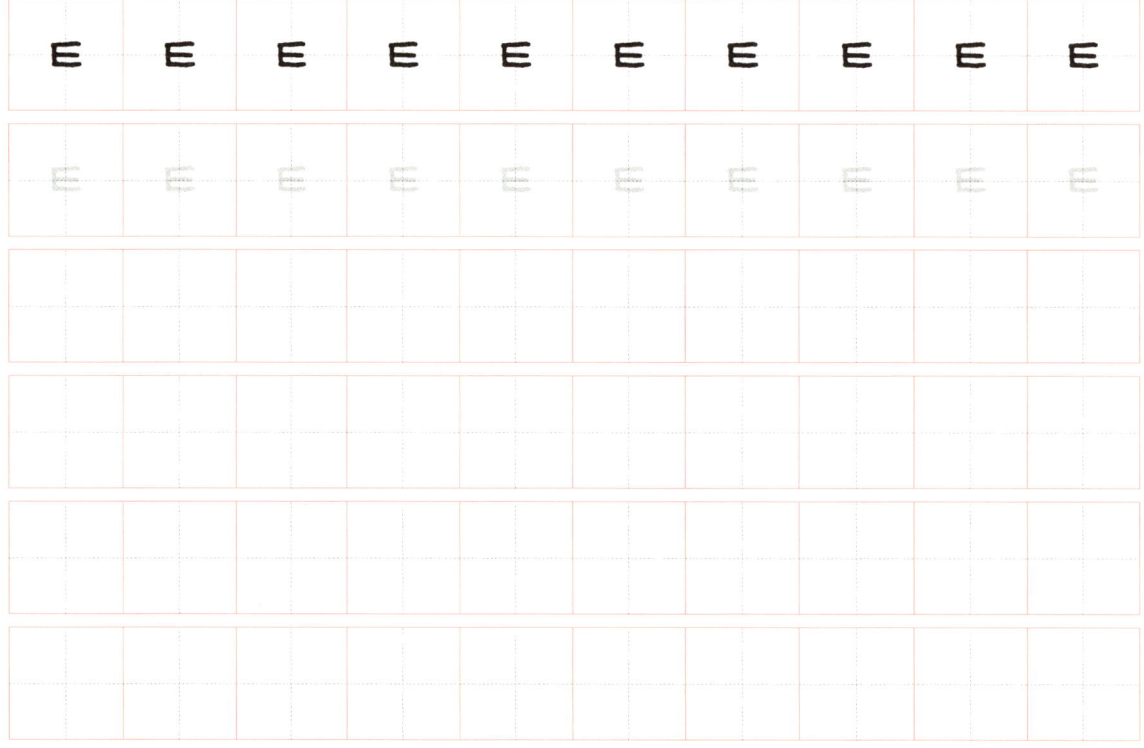

ㅍ (피읖) 그리기

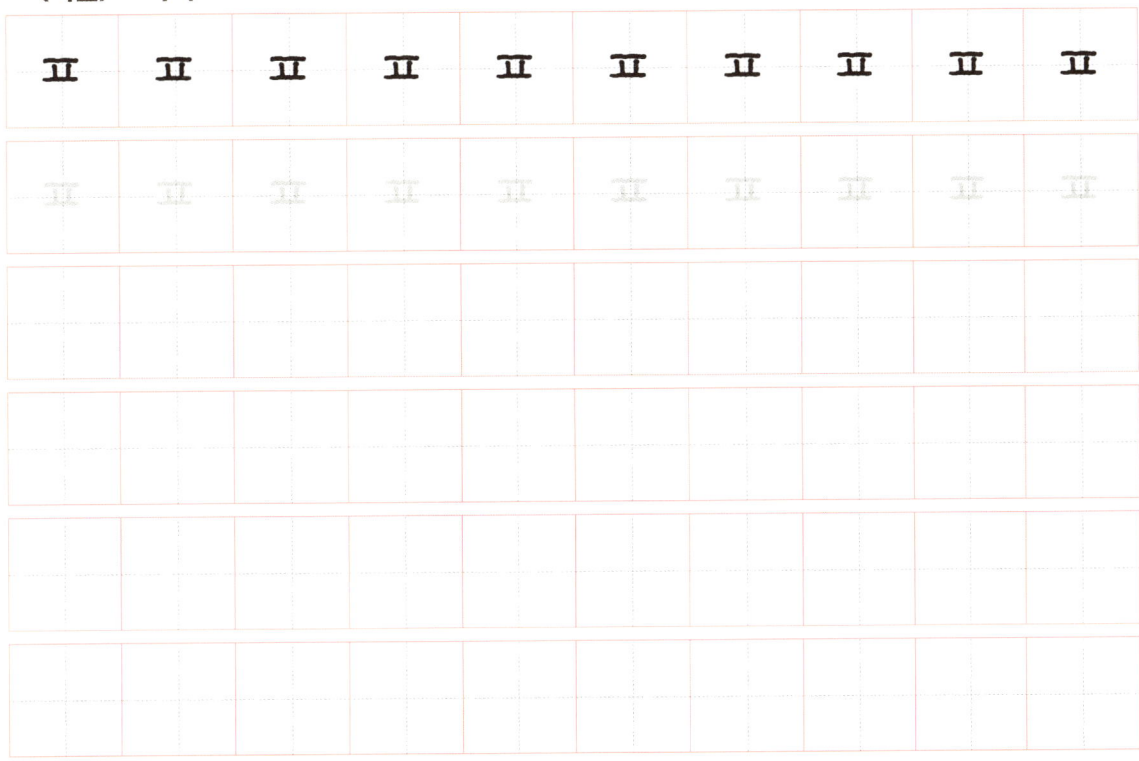

ㅎ (히읗) 그리기

3) 미꽃체로 한글 자음과 모음 함께 그리기

이제 한글의 자음과 모음을 미꽃체로 반듯하고 예쁘게 그릴 수 있게 되었어요.
이제 자음과 모음을 함께 그려서 글자를 써볼 거예요.

너무 걱정하지 말아요.
앞에서 충분히 연습을 했기 때문에 잘 쓸 수 있을 거예요.

자, 시작하기 전에 선생님과 약속해요.
한 번에 다 쓰려고 하지 말기, 한 번에 너무 잘 쓰려고 말기!

선생님도 처음부터 글씨를 잘 쓰지 못했어요.
천천히 연습을 하다보니 실력이 쌓여서 잘 쓰게 되었답니다.
그림을 그린다고 생각하며 천천히 연습하면 글씨 쓰기가 쉽고 재밌어질 거예요.

ㄱ부터 ㅎ까지 자음에 모음을 합쳐서 그려볼 거예요.
그럼 미꽃체 기초 연습은 모두 끝나요. 처음 한글을 깨우쳤을 때처럼 한글을 손글씨로 잘 쓰는 법을 배우게 될 거예요.

ㄱ과 모음 함께 그리기

| 가 | 갸 | 거 | 겨 | 고 | 교 | 구 | 규 | 그 | 기 |

ㄴ과 모음 함께 그리기

| 나 | 냐 | 너 | 녀 | 노 | 뇨 | 누 | 뉴 | 느 | 니 |

ㄷ과 모음 함께 그리기

| 다 | 댜 | 더 | 뎌 | 도 | 됴 | 두 | 듀 | 드 | 디 |

ㄹ과 모음 함께 그리기

| 라 | 랴 | 러 | 려 | 로 | 료 | 루 | 류 | 르 | 리 |

ㅁ과 모음 함께 그리기

마	먀	머	며	모	묘	무	뮤	므	미
마	먀	머	며	모	묘	무	뮤	므	미

ㅂ과 모음 함께 그리기

바	뱌	버	벼	보	뵤	부	뷰	브	비
바	뱌	버	벼	보	뵤	부	뷰	브	비

ㅅ과 모음 함께 그리기

사	샤	서	셔	소	쇼	수	슈	스	시
사	샤	서	셔	소	쇼	수	슈	스	시

ㅇ과 모음 함께 그리기

아	야	어	여	오	요	우	유	으	이
아	야	어	여	오	요	우	유	으	이

ㅈ과 모음 함께 그리기

| 자 | 쟈 | 저 | 져 | 조 | 죠 | 주 | 쥬 | 즈 | 지 |

ㅊ과 모음 함께 그리기

| 차 | 챠 | 처 | 쳐 | 초 | 쵸 | 추 | 츄 | 츠 | 치 |

ㅋ과 모음 함께 그리기

| 카 | 캬 | 커 | 켜 | 코 | 쿄 | 쿠 | 큐 | 크 | 키 |

ㅌ과 모음 함께 그리기

| 타 | 탸 | 터 | 텨 | 토 | 툐 | 투 | 튜 | 트 | 티 |

ㅍ과 모음 함께 그리기

| 파 | 퍄 | 퍼 | 펴 | 포 | 표 | 푸 | 퓨 | 프 | 피 |

ㅎ과 모음 함께 그리기

| 하 | 햐 | 허 | 혀 | 호 | 효 | 후 | 휴 | 흐 | 히 |

글씨를 바르게 쓰려니
너무 힘들다고요?

**바른 글씨로 정리하는 일은
시간과 정성, 노력이 필요한 일인 것이 분명해요.**
게다가 원래 내가 쓰던 습관에서 벗어나,
새로이 습관을 들여야 할 때는 두 배로 힘들 수밖에 없습니다.

**아직 익숙하지 않은 일을 빨리 처리하는 일은
누구에게나 힘들답니다.**
젓가락질을 처음 배워 서툰 동생이
빨리 콩을 집어먹을 수 있을까요?
'첫술에 배부르냐?'라는 우리 속담도 있잖아요.

바른 글씨를 연습하려 할 때 오랜 시간이 걸리는 건,
내가 그만큼 **열심히 정성을 다해 노력하고 있다는 뜻**과 같으니,
오히려 칭찬해줄 만한걸요?

그런데 우리가 쓰는 모든 글씨를 항상 정성 들여 써야 할까요?

그건 아닙니다.
물론 내 손끝에서 써지는 모든 글씨가 바르고 정갈하면 좋겠지만,
늘 그렇게 쓸 필요는 없어요.

**선생님이 말씀하시는 중요한 내용을
빠르게 필기해야 하는 상황에서는**
천천히 또박또박 바른 글씨로 쓰는 것보다는
흘려 적더라도 빠르게 필기하는 편이 더 좋겠죠.

다만, **공식적인 글에는**
바르고 정갈하게 정성을 다해 써야 합니다.

학교에서 사회 수행평가 문제에 답을 적어야 할 때는,
흘려 적거나 빠르게 제출하는 것보다는
제한 시간을 모두 사용하면서
정성 들여 또박또박 일목요연하게 적어보려 노력을 해야 합니다.

처음에는 어렵고 힘들겠지만,
차차 여러분의 손아귀와 손끝에 견고한 힘이 생겨날 테니,
점점 발전될 여러분을 믿으며 꾸준히 노력하세요. 파이팅!

2부

미꽃체로 다양한 이름부터 표현까지 따라 쓰기

손글씨  미꽃쌤　　　글  수현쌤

1. 미꽃체로 이름 쓰기

1) 알아두면 좋은 이름, 내가 좋아하는 것!

세상에는 이름이 굉장히 많아요. '나'에게 이름이 있듯이 다른 사람들은 물론 우리 주변의 모든 것은 다 자기 이름을 가지고 있어요.

많은 이름 중에 이미 알고 있는 이름도 있고 모르는 이름도 있을 거예요. 이름을 알면 우리 주변에 있는 더 많은 것을 알 수 있어요.

예를 들어, 강아지를 보고 "귀여운 강아지다"라고 말할 수 있고 좀 더 정확히 알면 "귀여운 푸들 강아지네"라고 말할 수도 있어요.

이름을 알면 다른 사람과 이야기를 할 때도 더 좋아요.

예를 들어, 친구를 부를 때 그냥 "야!" 하고 부르는 것보다 이름을 불러 주면 더 부드럽고 좋아요. 이야기도 더 정확하게 할 수 있지요. 장미꽃을 보고 너무 예뻐서 그 느낌을 친구들에게 얘기해주고 싶어요. "얘들아, 저 꽃 봤어? 저거, 이름이 뭐더라"라고 하는 것보다 "장미꽃 봤니? 너무 예뻐"라고 말하면 더 정확해요.

미꽃체로 여러 가지 이름을 써보면서 글씨를 익히고 내가 가장 좋아하는 것은 무엇인지도 함께 적어봐요.

① 과일 이름

내가 가장 좋아하는 과일은 _____ 입니다.

감

굴

두 리 안

복 숭 아

| 다 | 래 | 다 | 래 | 다 | 래 | 다 | 래 | 다 | 래 |

| 딸 | 기 | 딸 | 기 | 딸 | 기 | 딸 | 기 | 딸 | 기 |

| 라 | 임 | 라 | 임 | 라 | 임 | 라 | 임 | 라 | 임 |

| 람 | 부 | 탄 | 람 | 부 | 탄 | 람 | 부 | 탄 |

| 망 | 고 | 망 | 고 | 망 | 고 | 망 | 고 | 망 | 고 |

| 포 | 도 | 포 | 도 | 포 | 도 | 포 | 도 | 포 | 도 |

사과 사과 사과 사과 사과

수박 수박 수박 수박 수박

유자 유자 유자 유자 유자

오렌지 오렌지 오렌지

체리 체리 체리 체리 체리

노니 노니 노니 노니 노니

② 꽃 이름

내가 가장 좋아하는 꽃은 _____ 입니다.

| 국 | 화 | 국 | 화 | 국 | 화 | 국 | 화 | 국 | 화 |

| 개 | 나 | 리 | 개 | 나 | 리 | 개 | 나 | 리 |

| 동 | 백 | 꽃 | 동 | 백 | 꽃 | 동 | 백 | 꽃 |

| 대 | 나 | 무 | 대 | 나 | 무 | 대 | 나 | 무 |

작 약

접 시 꽃

천 일 홍

카 네 이 션

③ 동물 이름

내가 가장 좋아하는 동물은 _____ 입니다.

강아지 강아지 강아지

고양이 고양이 고양이

기린 기린 기린 기린 기린

미어캣 미어캣 미어캣

낙타 낙타 낙타 낙타 낙타

늑대 늑대 늑대 늑대 늑대

너구리 너구리 너구리

돼지 돼지 돼지 돼지

호랑이 호랑이 호랑이

④ 곤충 이름

내가 가장 좋아하는 곤충은 _____ 입니다.

개 미

꿀 벌

귀 뚜 라 미

잠 자 리

나 방 나 방 나 방 나 방 나 방

나 비 나 비 나 비 나 비 나 비

매 미 매 미 매 미 매 미 매 미

메 뚜 기 메 뚜 기 메 뚜 기

장 수 풍 뎅 이 장 수 풍 뎅 이

장 수 풍 뎅 이 장 수 풍 뎅 이

무당벌레 무당벌레
무당벌레 무당벌레

반딧불 반딧불 반딧불

사마귀 사마귀 사마귀

하늘소 하늘소 하늘소

⑤ 가족 이름

우리 가족은 모두 _____ 명입니다.

| 부 | 모 | 님 |

| 아 | 버 | 지 |

| 어 | 머 | 니 |

| 엄 | 마 |

⑥ 음식 이름

내가 가장 좋아하는 음식은 _____ 입니다.

김	밥
김	치
낙	지	볶	음
짜	장	면

국 수
냉 면
누룽지
라 면
떡볶이

보쌈 보쌈 보쌈 보쌈 보쌈

붕어빵 붕어빵 붕어빵

비빔밥 비빔밥 비빔밥

스파게티 스파게티

스파게티 스파게티

치 킨 치 킨 치 킨 치 킨 치 킨

칼 국 수 칼 국 수 칼 국 수

케 이 크 케 이 크 케 이 크

탕 후 루 탕 후 루 탕 후 루

회 회 회 회 회 회 회 회 회

| 토 | 스 | 트 | 토 | 스 | 트 | 토 | 스 | 트 |

| 피 | 자 | 피 | 자 | 피 | 자 | 피 | 자 |

| 호 | 떡 | 호 | 떡 | 호 | 떡 | 호 | 떡 | 호 | 떡 |

| 햄 | 버 | 거 | 햄 | 버 | 거 | 햄 | 버 | 거 |

| 불 | 고 | 기 | 불 | 고 | 기 | 불 | 고 | 기 |

2. 미꽃체로 표현 쓰기

✏️ 1) 알아두면 좋은 표현, 표현을 잘하는 나!

감정이나 기분은 마음속에 느껴지는 것으로 다양하게 표현할 수 있어요. 좋은 일이 있으면 "기쁘다"고 표현해요. 반대로 안 좋은 일이 있으면 "슬프다"고 표현해요. 안 좋은 일인데 위험스러울 때는 "무섭다"고 표현해요.

감정은 겉으로 드러나기도 하지만 스스로 잘 표현할 줄도 알아야 해요. 감정 표현을 잘하면 마음이 편하고 다른 사람들도 '나'의 감정을 잘 이해해줘요. 감정 표현을 잘하지 못하면 감정이 너무 커져서 '나'도 다른 사람도 불편해질 수 있어요.

인사도 마찬가지에요. 반가운데 쑥스러워서 인사를 안 하면 반가운 마음이 상대에게 전해지지 않아요. 오히려 마음이 불편한 건 아닌지 오해할 수도 있지요. 좋은 날을 축하하고 싶거나 감사한 날에 고마움을 전하고 싶은데 표현하지 않으면 아무도 그 마음을 알 수가 없어요.

이번에는 미꽃체로 여러 가지 표현을 따라 써보면서 글씨도 익히고 마음을 잘 표현하는 연습도 해봐요.

① 감정 표현

> 내가 요즘 자주 느끼는 감정은 _____ 입니다.

사 랑 해 사 랑 해 사 랑 해

격 정 돼 격 정 돼 격 정 돼

나 빠 나 빠 나 빠 나 빠

놀랐어 놀랐어 놀랐어

다행이야 다행이야
다행이야 다행이야

무서워 무서워 무서워

미워 미워 미워 미워 미워

미안해 미안해 미안해

반가워 반가워 반가워

슬퍼 슬퍼 슬퍼 슬퍼 슬퍼

불쌍해 불쌍해 불쌍해

사랑해 사랑해 사랑해

용감해 용감해 용감해

외로워 외로워 외로워

억울해 억울해 억울해

자랑스러워 자랑스러워
자랑스러워 자랑스러워

좋아 좋아 좋아 좋아 좋아 좋아

창피해 창피해 창피해

초조해 초조해 초조해

화나 화나 화나 화나 화나

통쾌해 통쾌해 통쾌해

편안해 편안해 편안해

행복해 행복해 행복해

후련해 후련해 후련해

② **인사말 표현**

내가 가장 자주 하는 인사는 _____ 입니다.

| 안 | 녕 | 안 | 녕 | 안 | 녕 | 안 | 녕 | 안 | 녕 |

| 안 | 녕 | 하 | 세 | 요 | 안 | 녕 | 하 | 세 | 요 |

| 만 | 나 | 서 | | 반 | 가 | 워 | | | |
| 만 | 나 | 서 | | 반 | 가 | 워 | | | |

처음 인사드려요

고마워 고마워 고마워

감사합니다 감사합니다

잘 가

안녕히 가세요

안녕히 계세요

다음에 또 만나자

다음에 또 뵐게요

📝 2) 편지 쓰기, 일기 쓰기로 표현하기

편지 쓰기 ① 어버이날

엄마, 아빠,

엄마, 아빠의 사랑스러운 딸/아들 ○○예(이에)요.

어버이날을 축하드려요!

엄마, 아빠가 저에게 주는 사랑 덕분에

제가 이렇게 잘 지낼 수 있어요.

제가 가끔 짜증도 부리고 투정도 부리지만,

사실 저는 엄마, 아빠를 세상에서 제일 많이

좋아하고 존경해요.

앞으로 엄마, 아빠의 자랑스러운 ○○이/가 되기 위해

부족하지만 열심히 할게요.

엄마, 아빠 사랑해요! ♡

○○○○년 5월 8일 어버이날

○○ 올림

어버이날을 축하드려요!

엄마, 아빠가 저에게 주는 사랑 덕분에
제가 이렇게 잘 지낼 수 있어요.

엄마, 아빠 사랑해요!

편지 쓰기 ② 스승의 날

○○○ 선생님께,

안녕하세요! 선생님의 제자 ○○○입니다.

스승의 날을 기념해 선생님께 감사 편지를 드립니다.

선생님과 함께하는 올해가 저는 참 재미있어요.

저는 선생님의 수업 중에서 사회 시간이 제일 재미있어요.

선생님께서 들려주시는 이야기들이 정말 재미있거든요.

원래 사회를 싫어했는데 이제는 사회가 좋아졌어요.

그리고 선생님께서 저에게 칭찬을 많이 해주셔서

칭찬을 받을 때마다 기분이 좋아요.

또 항상 친절하게 대해주셔서 마음이 편해요.

선생님의 자랑스러운 제자가 되기 위해

앞으로 더욱 열심히 공부하겠습니다!

감사합니다! ♡

○○○○년 5월 15일 스승의 날

제자 ○○ 올림

스승의 날을 기념해 선생님께

감사 편지를 드립니다.

선생님의 자랑스러운 제자가 되기 위해

앞으로 더욱 열심히 공부하겠습니다!

감사합니다!

편지 쓰기 ③ 친구 생일

안녕, 너의 친구 ○○(이)야.

너의 ○ 번째 생일을 진심으로 축하해. ○학년 때 우리가 같은 반일 때 같이 집에 같이 가주고 말동무도 되어주어서 정말 고마워. 요즘에도 종종 같이 집에 가는데 나한테 기억에 남는 일이 있어.

저번에 너랑 집에 가고 있는데 우리 둘 다 배가 많이 고팠잖아. 그때 네가 너네 집에서 크래커를 가져와서 나에게 준 거 기억해? 네가 기억을 할지 모르겠지만 그때 마음속으로 정말 고마웠어. 우리 다음에도 꼭 같은 반이 되면 좋겠다! 생일 축하해!

안녕? 나는 ○○(이)야.

생일을 정말 축하해!

우리가 만난 지 벌써 ○년이나 되었네.

우리가 저번에 좀 다투었잖아.

앞으로는 싸우지 말고 친하게 지내기야~!

너는 최고의 친구야, 너는 공부도 잘하고.

우리 우정 포에버!

그때 마음속으로 정말 고마웠어.

우리 다음에도 꼭 같은 반이 되면 좋겠다!

생일 축하해!

우리가 저번에 좀 다투었잖아.

앞으로는 싸우지 말고 친하게 지내기야~!

일기 쓰기 ①

○○○○년 9월 3일 ○요일

제목: 엄마의 첫 출근

엄마가 오늘 처음 출근을 했다. 그래서 나는 오늘 간식을 혼자 먹었다. 학원에 갈 때도 혼자 갔다.

엄마 없이 혼자 하는 건 생각보다 어려웠다. 피아노 학원이 끝나고 영어 학원 버스를 탔는데 생각보다 어려웠다. 어렵다고 생각하고 있는데 다른 이상한 생각도 들었다.
'엄마는 지금 뭐 하고 있을까?'

혼자 있는 게 괜찮다고 생각해봤다. 그랬더니 이상한 생각도 사라졌다. 저녁에 엄마를 다시 만나니 마음이 진짜 편해졌다. 엄마랑 있는 게 제일 좋다.

엄마 없이 혼자 하는 건 생각보다 어려웠다.

'엄마는 지금 뭐 하고 있을까'

저녁에 엄마를 다시 만나니
마음이 진짜 편해졌다.
엄마랑 있는 게 제일 좋다.

일기 쓰기 ②

○○○○년 10월 3일 ○요일

제목: 홍시

나는 지금 홍시가 먹고 싶다.

일기를 쓰고 나서 홍시를 먹을 거다.

홍시는 동글동글한 게 꼭 엉덩이처럼 생겼다. 홍시를 먹다보면 그 안에 말랑말랑한 것이 씹힌다. 이름이 뭔지 모르겠다. 푸딩이나 젤리같이 생겼고 혀에서 자꾸 도망가지만 과즙이 달콤하다. 나는 그 맛에 반해서 이름을 찾으려고 노력하는 중이다.

홍시는 그냥 먹어도 맛있고 얼려서 먹어도 맛있다. 나는 얼려서 먹는 게 더 좋다. 얼려서 먹으면 그냥 먹는 것보다 시원하기 때문이다.

어쨌든 홍시는 맛있다. 나는 어른이 되어서도 홍시를 쭉 좋아할 수 있을 것 같다. 홍시를 더 많이 사먹을 거다.

홍시는 그냥 먹어도 맛있고
얼려서 먹어도 맛있다.

나는 어른이 되어서도
홍시를 쭉 좋아할 수 있을 것 같다.

일기 쓰기 ③

○○○○년 10월 23일 ○요일

제목: 엄마, 아빠 결혼기념일

내일은 엄마, 아빠가 결혼한 날이다. 그래서 동생이랑 나는 내 돈으로 선물을 사서 같이 포장을 했다. 우리는 커피 2개, 쌀로별 1개, 자일리톨 껌 1개, ABC초콜릿 1개를 샀다.

커피는 엄마, 아빠께 1개씩 드리려고 샀고, 쌀로별은 엄마랑 아빠랑 사이좋게 나눠 드시라고 샀다. 자일리톨 껌은 엄마가 목이 아플 때, ABC초콜릿은 아빠가 회사에 가져가서 두고두고 드시라고 샀다.

나도 껌, 과자, 초콜릿이 먹고 싶었다. 1개만 먹고 싶었지만 엄마, 아빠의 결혼기념일 선물이기 때문에 꾹~ 참고 있다!

엄마, 아빠가 선물을 좋아하면 좋겠다.

나도 엄마 아빠한테 축하해주는 하루가 되었으면 좋겠다.

내일은 엄마, 아빠가 결혼한 날이다.

엄마, 아빠가 선물을 좋아하면 좋겠다.

일기 쓰기 ④

○○○○년 10월 23일 ○요일

제목: 내 마음속의 명언

우리가 외할머니 댁에서 집으로 돌아올 때, 동생은 자고 엄마랑 나는 명언 이야기를 했다. 그때 내 마음속에 명언이 많이 떠올랐다.

그중 제일 인상 깊은 명언은 책에서 본 알버트 아인슈타인의 말이다. 아인슈타인은 "나는 똑똑한 것이 아니라 단지 문제를 더 오래 연구할 뿐이다"라고 말했다. 이 말은 열심히 하면 뭐든지 할 수 있다는 뜻인 것 같다.

우리 엄마가 좋아하는 명언은 영어인데 "I have you. you have me. so we have all"이다. 미국의 한 드라마 작가가 한 말이라고 한다. 엄마는 이 말이 가족의 소중함을 알려주는 것 같아서 좋다고 한다.

새해 다이어리 맨 앞 장에는 내가 좋아하는 명언을 써놓을 거다. 그래야 명언을 내 마음속에 깊이 새길 수 있을 테니까.

아인슈타인은 "나는 똑똑한 것이 아니라 단지
문제를 더 오래 연구할 뿐이다"라고 말했다.

이 말은 열심히 하면
뭐든지 할 수 있다는 뜻인 것 같다.

3부

학교 생활이 즐거워지는 미꽃체 손글씨 연습

손글씨
글

1. 미꽃체로 알림장, 감상문 쓰기

1) 알림장 쓰기

학교생활을 하면 알림장을 쓰게 되는 일이 있어요. 지금은 쓰지 않을 수도 있지만 알림장을 쓰는 기분으로 미꽃체 손글씨 연습을 해봐요. 알림장이 아니더라도 '오늘 할 일', '내일 할 일'을 계획해볼 수도 있어요. 미꽃체로 정리하면 간단한 기록도 더 빛을 발한답니다.

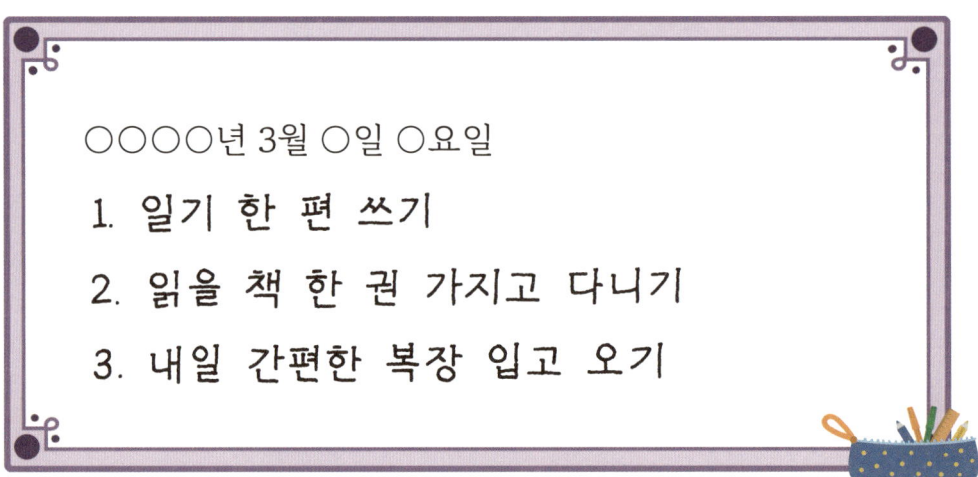

○○○○년 3월 ○일 ○요일
1. 일기 한 편 쓰기
2. 읽을 책 한 권 가지고 다니기
3. 내일 간편한 복장 입고 오기

1. 일기 한 편 쓰기
2. 읽을 책 한 권 가지고 다니기
3. 내일 간편한 복장 입고 오기

1.

2.

3.

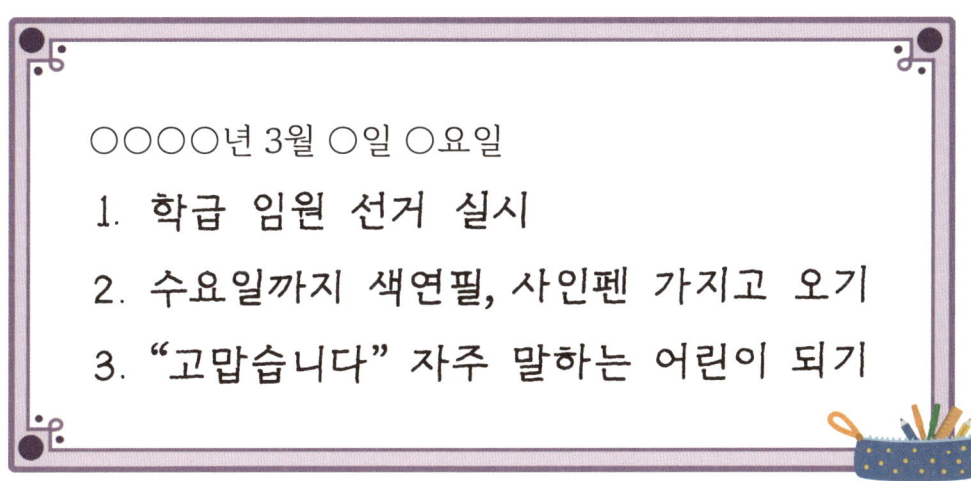

1. 학급 임원 선거 실시
2. 수요일까지 색연필, 사인펜 가지고 오기
3. "고맙습니다" 자주 말하는 어린이 되기

1.

2.

3.

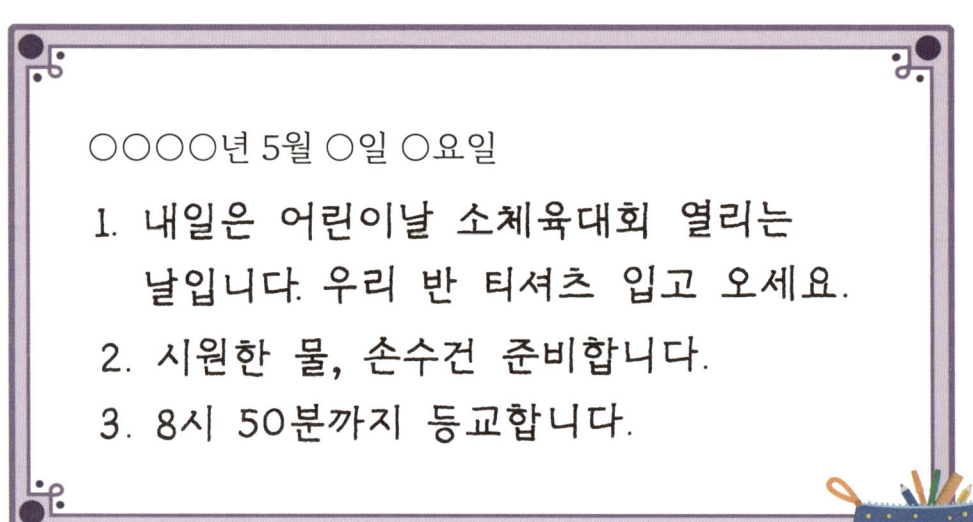

1. 내일은 어린이날 소체육대회 열리는 날입니다. 우리 반 티셔츠 입고 오세요.
2. 시원한 물, 손수건 준비합니다.
3. 8시 50분까지 등교합니다.

1.

2.

3.

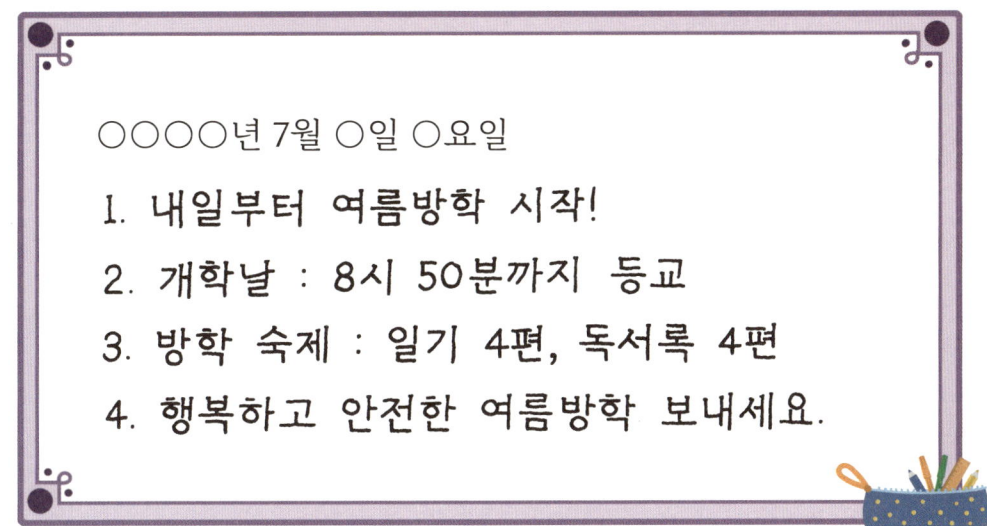

○○○○년 7월 ○일 ○요일

1. 내일부터 여름방학 시작!
2. 개학날 : 8시 50분까지 등교
3. 방학 숙제 : 일기 4편, 독서록 4편
4. 행복하고 안전한 여름방학 보내세요.

1. 내일부터 여름방학 시작!
2. 개학날 : 8시 50분까지 등교
3. 방학 숙제 : 일기 4편, 독서록 4편
4. 행복하고 안전한 여름방학 보내세요.

1.
2.
3.
4.

✏️ 2) 책 읽고 감상문 쓰기

여러분은 책을 좋아하나요? 어떤 책을 가장 좋아하나요?

선생님은 그림책, 어린이 동화책을 좋아해서 많이 읽어요. 책을 읽고 내용을 간추려서 적거나, 선생님의 생각을 간략히 메모해두기도 한답니다.

'독서기록장'은 책을 읽고 간략히 기록을 하는 것이고, '감상문'은 책을 읽고 나서 새롭게 알게 된 것이나 가장 기억에 남는 장면, 또 마음속에 남는 느낌 같은 것을 적은 글이에요.

독서기록장은 자유롭게 쓸 수 있어요. 독서감상문은 좀 더 신경을 써야 하죠. 제목은 읽은 책의 제목을 써야 해요. 물론 여러분의 생각을 담은 제목을 적어도 좋아요. 하지만 가장 쉬운 방법은 "《구름을 삼켰어요》를 읽고"처럼 책의 제목을 적는 것이랍니다.

제목은 크고 또렷하게 적는 것이 좋아요. 글의 제목이 그 글의 첫인상이기 때문이지요. 글의 제목에서 바른 글씨를 뽐내주면, 더 읽고 싶은 마음이 들어요.

독서감상문에는 책의 줄거리와 함께 여러분의 생각과 느낌을 적는 것이 좋습니다. 주인공에게 본받고 싶은 점을 적어도 좋고, 주인공에게 하고 싶은 말을 적는 것도 좋아요. 무엇을 써야 할지 잘 떠오르지 않을 때는 책 속에서 인상 깊었던 문장을 아예 통째로 옮겨 적어도 된답니다.

독서감상문처럼 조금 긴 글을 손글씨로 적을 때에는 처음부터 끝까지 꾸준함을 유지하는 것이 중요합니다. 끝으로 갈수록 집중력이 흐려져서 글씨에 힘을 잃는 어린이들이 많은데, 조금 시간이 걸리더라도 집중의 힘을 놓지 않기를 바랍니다.

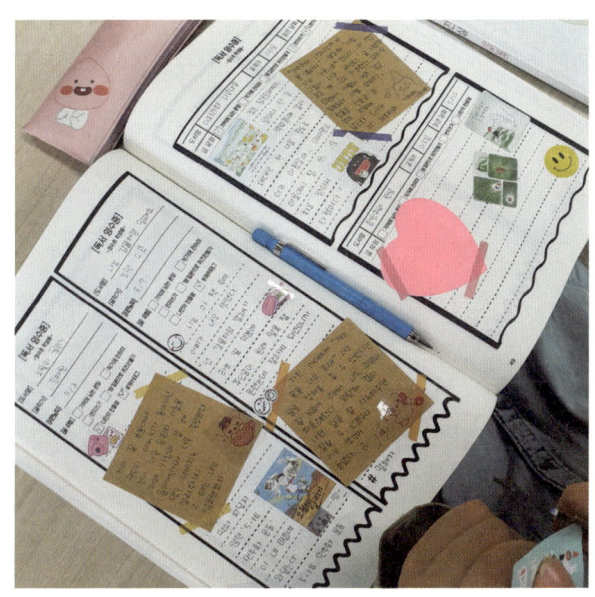

독서감상문_ 정수초 졸업생(현 북악중1) 김시우 학생 작품

이와 달리 독서기록장은 한 편의 긴 글이 아니어도 됩니다. 책 속에서 읽었던 멋진 문장 몇 개를 손글씨로 필사(따라 쓰기)를 해도 좋고요. 주인공의 대사를 적어도 됩니다.

줄에 맞춰 쓸 필요도 없어요. 여러분이 가지고 있는 스탬프와 메모지, 마스킹테이프 등을 써서 꾸며도 좋죠. 사진처럼 다양하게 배치하면 생동감 넘치고 기억에도 오래 남는 독서기록이 됩니다. 여러분의 필통 속에 잠자고 있는 여러 색깔의 펜과 형광펜도 마음껏 활용해봐요.

이제 책을 읽고 미꽃체로 독서감상문을 따라 써볼 거예요.

독서록 ①

제목: 《푸른 사자 와니니》를 읽고

와니니는 용맹하고 리더십도 있고 다정하다. 비록 싸움을 잘하지 못하지만 자신감을 잃지 않는다. 나도 용맹하고 다정한 와니니처럼 되고 싶다. 운동은 잘하지 못해도 '나만의 나'를 만들고 싶다.

와니니처럼 약하든 와니니의 언니 말라이카처럼 힘이 세든 모두 자기 자신을 만들어가고 있다. 와니니는 자기가 쓸모없어도 '언젠가는 어떻게든 되겠지'라고 생각하며 자기만의 세상으로 나아갔다. 와니니는 자신이 무엇이든 상관하지 않고 자기의 바람대로 되기 위해 점점 실력을 쌓아갔다.

나는 이 책을 읽고 비록 내가 약하더라도 '나만의 나'를 만들어 나가기 위해, 나의 바람대로 되기 위해 조금씩 실력을 쌓아가야 한다는 것을 배웠다. 와니니의 숨겨진 힘을 보고 나도 할 수 있다고 생각하게 되었다.

"와니니! 너만의 모습을 꾸준히 보여줘! 파이팅!"

와니니는 용맹하고 리더십도 있고 다정하다.

와니니의 숨겨진 힘을 보고
나도 할 수 있다고 생각하게 되었다.

독서록 ②

제목: 《검은 강아지》를 읽고

이 책을 읽으면서 강아지가 너무 불쌍해서 눈물이 났다. 처음에는 '우아! 이렇게 눈처럼 하얀 강아지가 있다니!'라고 생각했다. 그런데 책을 끝까지 읽고 나니 너무 슬펐다.

가장 기억에 남는 문장은 바로 이것이었다.

"착하지? 여기서 기다려. 곧 데리러 올게."

사람들이 강아지를 버리는 장면은 너무 안타까웠다. 그들은 새 강아지를 사기 위해 가족이나 다름 없는 강아지를 멀리까지 가서 버리고 홀로 남겨둔 채 떠났다.

엄마는 나에게 반려 동물과 유기 동물에 대해 설명해주셨다. 이 책에 나오는 강아지는 처음에는 반려견이었는데 사람들로부터 버려져 유기견이 되었다.

가족을 잃은 유기견은 길 위에서 집도 없이 떠돌이 생활을 하거나 구조가 되면 보호소에 보내진다. 보호소에서 새로운 가족을 만날 수도 있지만 새로운 가족을 만나지 못할 수도 있다고 한다.

이 책을 읽고 내가 만일 강아지를 키운다면 절대 버리지 않을 거라고 다짐했다. 반려 동물은 가족이기 때문이다.

'우아! 이렇게 눈처럼 하얀 강아지가 있다니!'

이 책을 읽고 내가 만일 강아지를 키운다면 절대 버리지 않을 거라고 다짐했다.

반려 동물은 가족이기 때문이다.

2. 미꽃체로 노트 정리

✏️ 1) 배움 공책 쓰기

예시 ①

> 1,2교시 국어 6단원: 전기문
>
> <전기문 읽는 방법>
> -인물이 한 일, 인물의 성장 과정을 파악하면서 읽는다.
> -위인에게서 본받을 수 있는 점이 무엇인지 생각하면서 읽는다.

미꽃체 예시

전기문 읽는 방법

인물이 한 일, 인물의 성장 과정을

파악하면서 읽는다.

위인에게서 본받을 수 있는 점이

무엇인지 생각하면서 읽는다.

전기문 읽는 방법

인물이 한 일, 인물의 성장 과정을

파악하면서 읽는다.

위인에게서 본받을 수 있는 점이

무엇인지 생각하면서 읽는다.

예시 ②

3,4교시 사회 4단원: 우리 사회에서 나타난 문화의 모습

<문화란?>

사람들이 함께 생활하면서 만들어온 공통의 생활 방식

<다양한 문화>

나라와 나라 사이에 교류가 잦아지면서 다양한 문화를 접할 수 있다.

문화 : 사람들이 함께 생활하면서

만들어온 공통의 생활 방식

예시 ③

5,6교시 과학 3단원: 지진이 발생하는 까닭

<지진이란?>

땅이 갈라지면서 흔들리는 현상

<지진이 발생하는 이유>

지구 내부에 있는 판이 이리저리 움직이면서 서로 충돌을 일으키면서 지진이 일어난다.

지진 : 땅이 갈라지면서 흔들리는 현상

예시 ④

1,2교시 수학 4단원: 소수의 곱셈

<곱의 소수점 위치>

3.123 × 10 = 31.23

3.123 × 100 = 312.3

3.123 × 1000 = 3123

-곱하는 수의 0이 하나씩 늘어날수록 소수점이 오른쪽
 으로 하나씩 이동한다는 것을 알수 있었다.

소수의 곱셈 3.123×1000=3123

소수의 곱셈 3.123×1000=3123

1 2 3 4 5 6 7 8 9 0

1 2 3 4 5 6 7 8 9 0

예시 ⑤

> 방과후 할 일 : 일기 한 편 쓰기
> 오늘의 잘한 일 : 친구에게 고맙다고 인사를 했던 일
> 오늘의 반성 : 급식 반찬을 남긴 일

일기 한 편 쓰기

친구에게 고맙다고 인사를 했던 일

급식 반찬을 남긴 일

3. 미꽃체로 마인드맵 그리기

✏️ 1) 마인드맵

마인드맵 ① 달의 신기한 점

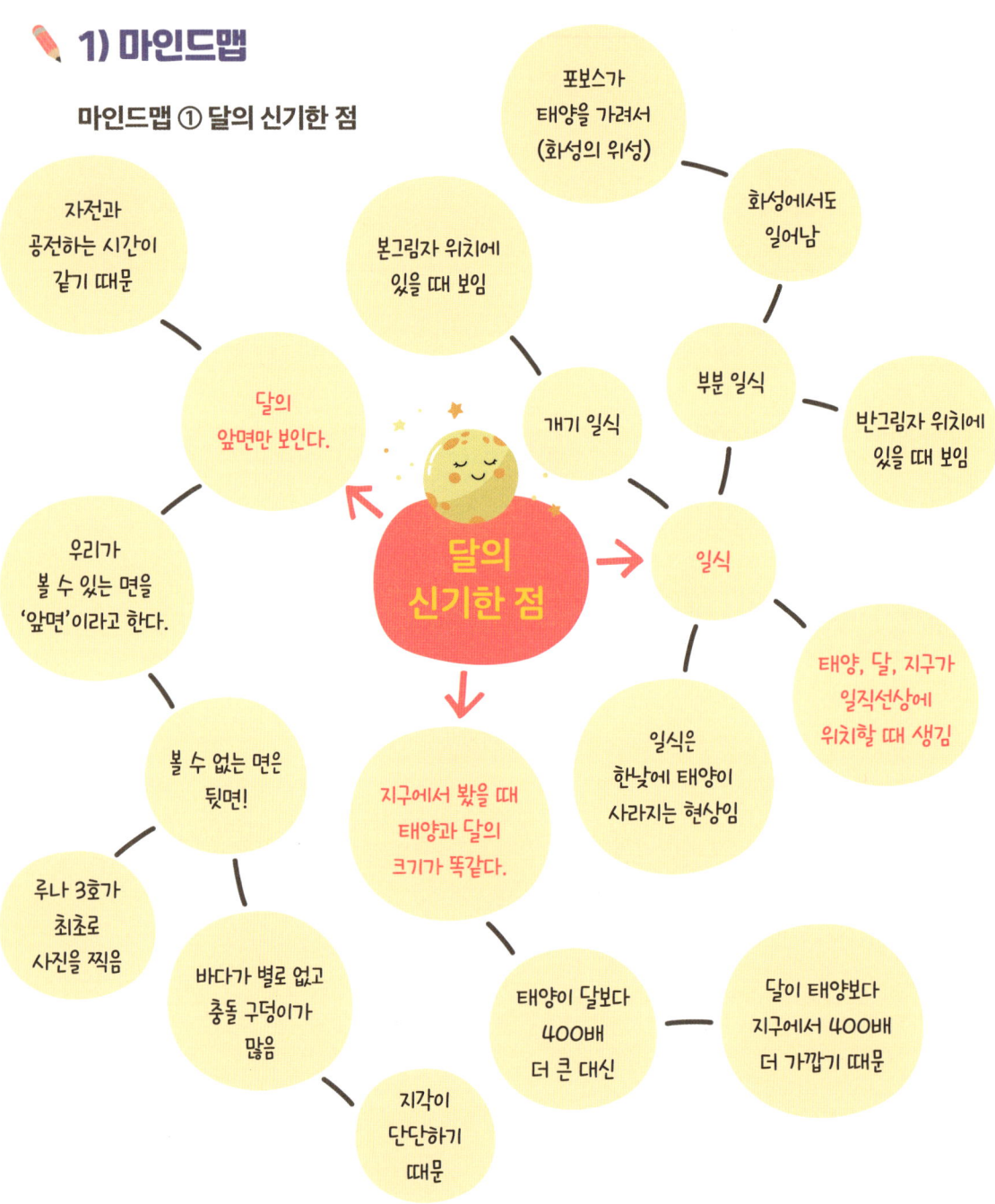

- (교과연계) 초등학교 3-4학년 과학 지구와 우주-지구의 모습 [4과16-04]
  달을 조사하여 모양, 표면, 환경을 이해하고 지구와 달을 비교할 수 있다.

달의 신기한 점

달의 앞면만 보인다

지구에서 봤을 때 태양과 달의 크기가 똑같다.

일식

태양, 달, 지구가 일직선상에 위치할 때 생김

마인드맵 ② 지구의 자전

- (교과연계) 초등학교 5-6학년 과학 지구와 우주-계절의 변화 [6과14-03]
  계절 변화의 원인은 지구 자전축이 기울어진 채 공전하기 때문임을 모형실험을 통해 설명할 수 있다.

지구의 자전

뜻 스스로 자 구를 전

지구는 빠르게 자전함

낮과 밤이 있다.

마인드맵 ③ 생산자

생산자

(자기가 스스로 영양분을 만드는 생물)

황산화 세균

식물 플랑크톤

5. 미꽃체로 긴 글 쓰기

✏️ 1) 동화 쓰기

동화 ① 너의 감정을 말해봐

> 위로:
> 누군가 울고 있으면 왜 그러는지
> 물어볼 수 있어요.
> 다독여줄 수 있어요.
> 누군가 다쳤으면 '호!'바람을 불어줄 수 있어요.
> 같이 놀고 싶은지 물어볼 수도 있어요.

이나 빅토리아 할러 글, 리아 레텐 그림, 황덕령 옮김, 시원주니어, 2023

위로:

누군가 울고 있으면 왜 그러는지 물어볼 수 있어요.

다독여줄 수 있어요.

누군가 다쳤으면 '호!' 바람을 불어줄 수 있어요.

같이 놀고 싶은지 물어볼 수도 있어요.

동화 ② 로봇 닉키

안녕! 나는 너의 로봇 친구야.

이름은 '닉키'라고 해.

나는 로봇이고 너처럼 어린아이야.

우리에게는 다른 점이 딱 한 가지 있어.

내가 '머신 러닝'을 한다는 거야.

머신 러닝은 전 세계에서

가장 멋진 기술 중 하나야!

로봇도 머신 러닝으로 학습을 하면

너처럼 많은 일을 할 수 있어.

로켓 베이비 클럽 지음, 권보라 옮김, 시원주니어, 2022
* 서울 영등포구립도서관 추천 과학 도서
  (2023년 초등북스타트 사업 선정)

안녕! 나는 너의 로봇 친구야.

이름은 '닉키'라고 해.

나는 로봇이고 너처럼 어린아이야.

우리에게는 다른 점이 딱 한 가지 있어.

내가 '머신 러닝'을 한다는 거야.

머신 러닝은 전 세계에서

가장 멋진 기술 중 하나야!

로봇도 머신 러닝으로 학습을 하면

너처럼 많은 일을 할 수 있어.

동화 ③ 우리 반 목소리 작은 애

아! 내가 말을 못 하는 건 아니에요.
나는 말을 잘해요.
사실 목소리도 로운이만큼 커요.
어쩌면 로운이보다 더 클지도 몰라요.
나는 한글도 잘 읽어요.
엄마는 아마 내가 여덟 살 어린이 중에서
제일 책을 소리 내어 잘 읽을 거라고 했어요.
텔레비전에 나오는 아나운서보다
내가 더 잘 읽는다고 했어요.
나를 칭찬해주는 엄마가 좋아요.

김수현 글, 소복이 그림, 풀빛, 2022

아! 내가 말을 못 하는 건 아니에요.
나는 말을 잘해요.
사실 목소리도 로운이만큼 커요.
어쩌면 로운이보다 더 클지도 몰라요.
나는 한글도 잘 읽어요.
엄마는 아마 내가 여덟 살 어린이 중에서
제일 책을 소리 내어 잘 읽을 거라고 했어요.
텔레비전에 나오는 아나운서보다
내가 더 잘 읽는다고 했어요.
나를 칭찬해주는 엄마가 좋아요.

동화 ④ 초등 사자 소학

이 세상의 모든 일은
원인과 결과로 이루어져 있고,
이를 줄여서 '인과'라고 합니다.
이 인과에서 원인을 찾는 일은 매우 중요합니다.
원인을 알아야 좋은 결과를
낼 수 있기 때문입니다.
원인이 없으면 결과도 존재하지 않습니다.
따라서 '나'라는 결과는
'어머니와 아버지의 만남'이라는
원인이 없다면 생기지 않았을 겁니다.
'나'를 세상에 있게 해준 부모님께
감사하는 마음을 갖길 바랍니다.

분당강쌤 지음, 시원북스, 2023

이 세상의 모든 일은

원인과 결과로 이루어져 있고,

이를 줄여서 '인과'라고 합니다.

이 인과에서 원인을 찾는 일은 매우 중요합니다.

원인을 알아야 좋은 결과를

낼 수 있기 때문입니다.

원인이 없으면 결과도 존재하지 않습니다.

따라서 '나'라는 결과는

'어머니와 아버지의 만남'이라는

원인이 없다면 생기지 않았을 겁니다.

'나'를 세상에 있게 해준 부모님께

감사하는 마음을 갖길 바랍니다.

어린이를 위한
미꽃체 손글씨

초판 1쇄 발행 2023년 12월 14일
초판 7쇄 발행 2024년 6월 3일

지은이 미꽃 최현미, 김수현
펴낸곳 ㈜에스제이더블유인터내셔널
펴낸이 양홍걸 이시원

블로그 · 인스타 · 페이스북 siwonbooks
주소 서울시 영등포구 영신로 166 시원스쿨
구입 문의 02)2014-8151
고객센터 02)6409-0878

ISBN 979-11-6150-799-6 73700

이 책은 저작권법에 따라 보호받는 저작물이므로 무단복제와 무단전재를 금합니다. 이 책 내용의 전부 또는 일부를 이용하려면 반드시 저작권자와 ㈜에스제이더블유인터내셔널의 서면 동의를 받아야 합니다.

시원북스는 ㈜에스제이더블유인터내셔널의 단행본 브랜드입니다.

독자 여러분의 투고를 기다립니다.
책에 관한 아이디어나 투고를 보내주세요.
siwonbooks@siwonschool.com

 KC마크는 이 제품이 공통안전기준에 적합하였음을 의미합니다.
제조국 : 대한민국 대상 연령 : 8세 이상
주의 사항 : 책의 모서리에 다치지 않게, 종이에 손이 베이지 않게 주의하세요.